풍경소리

시아시인선 025

풍경소리
나동수 시집

초판인쇄일 | 2022년 7월 4일
초판발행일 | 2022년 7월 8일

지은이 | 나동수
펴낸이 | 김명수
펴낸곳 | 도서출판 시아북(詩芽Book)

출판등록 | 2018년 3월 30일
주소 | 대전광역시 동구 선화로214번길 21(3F)
전화 | (042) 254-9966, 226-9966
팩스 | (042) 221-3545
E-mail | daegyo9966@hanmail.net

값 12,000원

ISBN 979-11-91108-40-8(03810)

* 저자와의 협의에 의해 인지를 생략합니다.
* 잘못된 책은 바꿔드립니다.
* 이 책은 충청남도 문화재단의 지원을 받아 발간하였습니다.

풍경소리

나동수 시집

시아북

풍경소리

시인의 말

글을 쓰는 건
찰나에 삶을 붙들고 허공에 점찍는
부질없는 일인지도 모른다.
어쩌면 필자가 세상에 던지고 싶은
숨었던 마음의 무늬일 게다
언제부턴가 시를 대하면
마음이 평안해지는 안식에서
시 답지 않은 것들을 버리지 못하고 붙들게 된다
늘 심오하게 힘이 되는 글
하찮은 문장일지라도
다시보고 또 보고 반복하다보면
꼭꼭 숨어서 보일 듯 보이지 않는 보물이 있다.
늘 "얕으면서도 깊은 곳"에 사는
글의 참 모양을 지향하면서
거기 감춰진 것을 찾고자한다

2022년 7월

나동수

시인의 말　　005

제1부

화분위에 진달래 꽃　　013
새싹에게　　014
영인산에 봄　　016
광덕사에 봄　　018
가는 봄　　020
예상　　022
정수장 길　　023
용봉산을 오르며　　024
부레옥잠　　026
바람　　028
동강을 가다　　029
산아래 짓는 집　　030
풍경소리　　032
외곽도로　　034
가을 즈음에　　035
잊어진 안부　　036
철길위에 민들레꽃　　038

안개낀 아침	039
연수원 체험	040
싫증	042
빈 느낌	044
배려와 근심	046
젊음에 질주	048
권고	050
꿈의 시간	051
딸에 이별	052
친구의 영전에서	054
비오는 날	055
어버이 사랑	056
모래위에 글자	058
마지막 여행	060
불꽃	062

제2부

명작	065
화성 휴게소	066
5월의 뜨락	067
일상에 틀	068
동무	070
후회	072
서툰 강태공들	074
무인도	076
통신주	078
막걸리	080
유한함에서	082
나의 여백	084
생은 동등하다	086
철문 앞에서	087
파리잡기	088
내고향은 반도 삼천리	090
친구에 장난 끼	092
외조모님의 두 번째 이별(풍장)	094
그대에게 가는 길	096

제3부

국도40호선	099
자정의 시간	100
이생의 언덕	102
이팝나무 길	104
8월 스케치	105
도심의 밤	106
덕유산 정상에서	108
미완성 그림의 여백	110
月岳의 계곡	112
저문 소들의 풍경	114
자성	115
늦가을 은행나무	116
여정	118
빛	119
터널	120
동절기 적응훈련	122

제4부
시가 아닌 글을 기록으로 남기며

병상 일지   127
병실 고르기   130
4일째밤   131
자문   132
여명   133
무통주사   134
복대 탈부착 소리   135
병실의 밤   136
큐리오시티호   137
저항할 수 없는 밤   138
숙달된 동작   140

<해설>   143
세상에 던지고 싶은 마음의 무늬들
- 상실과 허무의 세계를 극복하다
김명수(시인, 효학박사)

제1부

화분 위에 진달래꽃

그대는 봄의 대명사
내 유년을 물들여 주던 진달래꽃

한해 전 외진 산 음지에서 옮겨와
화분 위에 심어놓은 진달래꽃

생에 처음 양지에서
봄을 맞는 기쁨을 감출 수가 없는지

창가에 연분홍 나비가 되어
가냘픈 날개를 펼쳤네

희망의 날개를 저으며
그리움을 찾아가는 나비가 되었네

새싹에게

해맑은 모습으로
생을 여는 어린 생명체

눈도 아닌 눈을 떠
거침없이 세상을 붙든 저 몸짓
우리도 태어날 땐
다 그랬을까

세월이 변하고
희망을 키우던 바람이
거칠게 일어설 때
나는 그때서야
비로소 세상을 알았어

아직은 떡잎뿐인 너
그러나 창창히 마지하게 될
수많은 고비들

눈을 크게 떠야 할 거야
귀를 높이 세워야 할 거야

네 안에 크는
그 고결한 이상을 위해서라면

영인산의 봄

햇살 내린 양지마다
개나리 진달래 실눈을 뜨고
물오른 가지마다
오수가 밀려드는 나른한 봄

영인의 산상엔
삽교천과 서해대교가 쌍벽을 이루고
서해바다엔 밀물과 썰물이 하나가 되어
영인의 경계를 들고 난다

산정에 파수꾼이 된 영인 탑 아래에는
때때로 얼룩진 구국에 역사를
후세에 전하라는 뜻인지
화강암 8면에 빼곡히 박혀 애잔하다

노을빛 하늘에 새소리 멎으니
서해를 건너 온 흰 구름 한 점
나그네와 동숙하자는 듯
말없이 긴 산허리를 베고 눕는다

꿈도 없을

짧은 밤을 포옹하여

긴 봄날을 채울 수는 있으려는 지

광덕사의 봄

봄을 따라서
광덕사 앞마당에 이르니
해묵은 가지마다 꽃망울이 움트고
처마 끝에 매달린 풍경소리는
목탁소리인양 경내를 흔들고 있었다

산새가 재잘대는 오름길엔
걸음마다 청아한 메아리가 채이고
갈참나무 빽빽한 칠부능선 솔숲그늘에는
수줍은 진달래꽃 만개했지
숨을 몰아쉬며 올려다보니
전설을 끌어안은 장군바위 하나가
산상에 기대앉아 미륵불이 되어있었어

수려한 자락으로
상춘객을 손짓하던 태화산 길
산정에 오르니
천안과 아산의 전경이 한눈에 보이고
향인鄕人이 건네주던 곡차는
한잔을 더 청하게 했던 일품이었지

산을 휘돌아 광덕사에 닿으니
푸른 이끼로 띠를 두른 천 년 고목은
경내의 불빛을 받아
가지마다 봄을 단 꽃 궁궐이었어

가는 봄

1
앞산에 너울대던
분홍 꽃 웃음

실바람에 실리어
어디로 가나

보이는 언덕마다
지는 봄이 애달프다

2
앞 뒷산 놀던 봄이
울긋불긋
고운 옷 벗어놓고
어디로 가나

온 동네를 흔들다
떠나는 꽃잎이
고샅길에 물들어
조등처럼 애처롭다

3
봄은
生이고 死이다

예상

달빛이었고
별빛이었던 날들

생의
달콤함이

지나고 보니
다 꽃길 이었습니다

그러나
내일은

그 길이
아닐지도 몰라요

정수장 길

계절이 바뀔 때마다
갖가지 야생화가 피어나던 길
조석으로 오가던
작은 오솔 길

동엔 삽교천이 휘돌고
서엔 우람한 가야산이 맞닿아
내포에 기운이
어머니 품속같이 포근했던 곳

긴 밤을 지새우고도
아무렇지 않은 듯 나서서
환한 웃음으로
행복을 나누었던 길

어느덧 이십 수년
날마다
일상이 되어서 닳아진 자리
눈감아도 가는 길

용봉산을 오르며

용봉산을 일컬어
제2의 소금강이라 한다
홍성군과 예산군의 경계를 이루어
기묘한 石像으로
태초의 자태를 뽐내는 용봉산

不惑을 안은 이가
산꼭대기를 바라보며
헉헉 버거운 몸짓으로 그 산을 오른다
知天命을 안은 이도
헉 헉헉 더 버거운 몸짓으로
그 뒤를 따른다

그러나 아무리
바람이 등을 밀어도
옛날을 따라갈 수는 없다
칠부능선 멈춰 서니
젊은이들이 점령한 고지에서는
메아리가 굴러 내린다

낮은 계단을 뛰어올라 보지만
마음이 앞서서 휘청대는 발길
겨우 해발 381m 라는 높이에도
등에 진 세월을 탓한다

세월의 무게는
누구도 어쩔 수가 없나보다

                                          2008. 9.

부레옥잠

물의 수호신답게
초록빛으로 치장을 하고
반들반들 속내를 빛내는 부레옥잠
커다란 공기주머니를 뿌리에 감추고서도
거추장스럽다 불평하지 않는다

환경에 따라
운명에 순응하는 그 이름 부평초
그는 언제 어디서나
물살에 떠밀리지 않으려고
안달하거나 조바심하지도 않는다

어디서나 오수가 있는 곳이면
초록으로 뿌리를 내리는 너는
무엇에도 물들지 않는
애초부터 고결한 위상을 지닌
신의 자손이었는지도 모른다

생물은 다 좋은 환경을 향해 순을 뻗지만
부레옥잠은 결코 오수가 아니면

뿌리를 내리지 않는다
만물의 영장인 우리도
세상에 부레옥잠이 되었으면 좋겠다

바람

늘 곁에 있으나
그 실체를 아는 사람은 아무도 없다
놀부같이 심술을 퍼붓다가도
흥부같이 자애를 돌려주기도 하는
양날을 갖고 있는 능력자

알 수 없는 힘으로
천지를 농락하며 세상을 호령하는 너는
신비를 가진 마법사이기도 하고
간간히 파괴를 먹고 자라는
고약한 놈이기도 하다

때로는 천지를 제 맘대로 우롱하는
건방진 놈이고
위기에서도
기적을 가져왔다 가져가는 그는
대단한 무형의 능력자이다

동강을 가다

동강의 유람선에 기대어
긴 강줄기를 거슬러 오르다보면
기괴하게 기운 산은
좌우로 넘어질 듯 장엄하고
왼 종일 햇살에 익어진 물결은
동강에 반짝이는 은빛 물무늬를 흩뿌려
객들의 탄성을 자아낸다

어쩌다 홀로의 여행인가
풍경을 휘저어도 채워지지 않는 가슴
몸은 긴 동강을 떠가도
마음은 날리는 낙화처럼 애잔하게
산을 넘어 멀어지네

산과 하늘이 하나로 어우러진 날
배는 온 길을 돌아서서
도도한 물살을 거슬러 오르는데
상춘객들의 흥겨운 노랫가락은
저물도록 뱃전에 기울어지네

산 아래 짓는 집

산 아래
그림같이 짓는 집 한 채
온갖 나무들과 바위들이
이사를 오고 이사를 가고
조용하던 산골짝이
잔치 집처럼 들썩거린다

사람이 아무리 애써본들
자연의 아름다움을 따를 수 있을까
산 아래 仁術로 짓고 있는
그림 같은 집 한 채

몇 날을 지켜보던 뒷산이
옛일을 상기한 듯
지붕을 덮는 일터를 건너다보며
근심 어린 표정을 짓는다

산 아래 짓는 그림 같은 집 한 채
앞산도 내려다보며

같은 걱정을 키운다

곧 우기가 올 텐데

풍경소리

작은 풍경 하나가
오래도록 산사의 추녀 끝에 매달려
속세의 세월을 감내하더니
오늘에서야
밤마다 빈 허공을 치며
이방인의 가슴을 달랜다

바람이 불때마다
세상의 고뇌를 잊으라며
혼란에도 정진하라 흔들리지 마라
때때로 삶을 바로서서
매듭진 어둠을 지우라며
소리하더니

오늘은 내 귀하나 네 귀하나
이방인의 귀하나
들을 수 있는 온갖 귀 다 불러놓고
카랑카랑 여문 울림으로
짧은 생에 겉도는
수백 수천의 깨달음을 들으라네

세상 만물이
붉게 기운 가을밤
가슴을 적시는 풍경소리가
밤새도록 울었네

외곽도로

개발이란 이름으로
논밭을 가로질러 산을 꿰뚫고
작은 마을조차 둘로 나뉘어
변해가는 고향산천

미래의 꿈이 커질수록
역사의 흔적들은 더 빨리 지워진다
옛 백제 견훤 왕의 자취가 서린 연지蓮池를
무심히 덮어간 외곽도로

모든 애환과 아픔을 소통할 듯
모든 환희와 기쁨을 소통할 듯
새 길은 아직도 매콤한 아스콘 냄새를 풍기며
쪼개진 상처 위에 태연하다

오는 무자년엔 얼마나 더 분주할까
고향 마을 앞을 서둘러 꿰뚫고 간
저 외곽도로 위에서
변해가는 세월을 읽는다

2008. 8.

가을 즈음에

유리창 커튼을 젖히니
눈길에 담기어 부스스 일어서는
소읍의 풍경이 맑다

가을이 녹아들어
기찬 설렘으로 시작을 이루는 새벽
한동안 복대에 묶여 있으려니
둔탁해진 일상을 경고해 주려는지
벌써 여름 꽃들이
가을빛에 밀리어 그 향기를 지우고 있다

단단히 지탱했던 각오가
허름한 세월에 편승되어 흔들리고
시공을 초월하는 바람의 무리에 섞이어
삶을 달리는 하루
가슴에 심겨진 희망에 열매는
언제쯤 익어 질는지

어제보다 더 짙게 찾아온
가을빛에 젖으며
노란 빛으로 익어가는 나를 만진다

잊어진 안부

알싸한 기온이 감도는
소들에 이른 아침

날마다 지나는 길에서
우연히 옛 친구를 만났다
만나자 마자
밑도 끝도 없이 친구가 하는 말
어이 날을 잡았나
눈앞에 펼쳐진 황금빛 들녘을 보면서
추수할 날을 잡았는지 묻는 그

너무 간단한 물음이건만
쉬이 대답하기가 어렵다
농사꾼이던 내가
건강을 핑계로
몇 해 전 농사를 접었기 때문이다

농사야말로 천하지대본이라지만
유한한 육신은 한계가 있어
아쉽게도 뜻에 부흥하지 못한다

들길을 걷다

우연히 만난 친구가

까맣게 잊어진 안부를 묻는다

철길 위에 민들레 꽃

기적 소리도 끊긴 지 오랜
녹슨 철길 위에
비가 오면 비를 맞고
바람이 불면 바람에 흔들리면서
기다림을 태우던 민들레 꽃

날마다 그리움을 찾아서
노랗게·하얗게 심연을 물들이더니
이제야 철길에 놓여 진 외로움을 떨구고
창공에 움트는 희망에 기대어
둥글게·둥글게 하얀 혼을 그리누나

노오란 꽃이여
다시금 평행선에 일어나는 희망에 꽃무리여
날마다 만든 깃털로 허공을 젓는
하얀 그 몸짓은
영원을 잇는 외침이겠지

안개 낀 아침

손꼽아 그믐밤을 보내고
나들이 계획으로 달뜬 아침이지만
빽빽이 밀려온 봄 안개가
길을 가로 막는다

운전석에 올라
전조등 불빛들을 차 앞에 세우고
와이퍼를 마구 돌려대도
안개에 막힌 길은 열릴 기미가 없다

촉촉한 봄기운 탓일까
하얀 미립자에 가려버린 대지는
무한대無限大의 우주宇宙를 연상케 하며
독특한 수체水體로
길 위에 미세한 향연香煙을 펼친다

안개에 갇혀버린 아침
왜 하필 하면서 불만을 토해내지만
앞을 가린 봄 안개는
우리에 결혼 30주년을 시샘하는지
쉽사리 길을 트려하지 않는다

연수원의 체험

봄이 피던 날
새마을 연수생의 체험 길은
중앙연수원 전경이 내려다보이는
뒷동산이었습니다

꽃그늘이 물들던
가파른 내리막 체험길
나는 그 길에서 상대에 이끌려가는
장님이었습니다

체험이 끝나고
산을 내려와서야 비로소 알았습니다
볼 수 있다는 것이 얼마나 다행이며
얼마나 행복인지를

몰랐던 것을 가르쳐주고
느낀 점을 재확인해준
새마을 중앙연수원에서의
2박 3일 지도자교육

이 문을 나서면
나도 누군가의 지팡이가 될는지요
산에 단풍나무를 심어 희망을 주었듯이
누군가에 희망이 될는지요

싫증
- 다사랑병원을 나서며

버거움도 運命이라며
生의 여울목을 지켜오던 사람
갈수록 日常을 단절하여
아픔에 굴레를 조이려 自請하는지

차라리
愛憎의 복판에 집착으로 씌워지던
올가미가 그리운 지금
木石도 견디지 못할 싫증들이
방향을 잃는다

예견치 못한
難愛함들이 두렵게 달려들어
지독히 삶을 난타하는
날 끝처럼 섬뜩해진 이 싫증이여

이제는
惡夢 같은 환상에서 깨어가야지
몹쓸 상처는 끊어내야지

심약한 그 앞에서
지그시 다시 희망을 묻다

2008

빈 느낌

많은 세월이 지나고서야
다시 제자리로 돌아와서는
긴 목을 늘이는
허전한 삶의 모서리에 선다

소망하던 길목에는
궁핍했던 삶이 걸음마다 넘치고
날카롭던 고비는
안으로만 붙박이 되는지
낮은 자세로도 고단한 심중이 긁힌다

절절했던 고민도
익숙했던 사랑의 바램도
분에 넘치는 호강이었을까
이제야 조금씩 虛인 것을 알게 되는
때늦은 세상살이

이생의 삶이란
다 물가에 쌓이는 모래성 같은 것

발끝에 닿은 유한한 생
세상을 그리는 허의 몸부림이 애달프다

배려와 근심

한동안 묶어놓은 어제의 근심에
긴 밤을 뜬눈으로 지새우고
피고가 되어 고법에 출두를 하려니
절벽 끝에 선 어린양같이
죄도 없는 가슴이 조마조마하다

이웃을 배려했던 인연이
악연이 되어
단단히 틀어진 근심 덩어리 하나
때로는 작은 배려가
아픔이 되기도 한다는 것을 몰랐던
내 서툴렀던 세상살이

여러 날
보증이란 위험한 굴레에 갇힌 채로
자신만을 옥죄며 배려라 믿었던
이 씁쓸한 어리석음이여
하여 잃은 건
재물 신뢰 믿음 친구 그리고
내 안에 보루인 용서마저 잃었나니

신뢰와 배려의 끝자락을 경험하고서

다시 이 세상에서

어느 누굴 믿을 수 있으리

2008. 6. 23.
고등법원 피고가 되어서

젊음에 질주

여명이 어둠을 밀어내는
2003년 봄날 새벽 4시
그리 서둘러야 할 길도 아니었는데
급히 엑셀을 밟으며
180km의 속도로 도심을 나서던
서해고속도로의 하행선

뜸한 차량들이 우열을 가리듯
빨간 불빛이 날듯이 달려와 앞서면
또 다른 차량들이 다투어 나서서
경쟁을 부채질하던
무모함에 목숨을 걸었던
광란에 그 질주

지금도 그때를 돌아보면
온몸에 오싹 서늘한 소름이 돋는다
무모한 다툼을
한때의 젊음이라 치부하지만
생사에 경계를 긋는 아찔한 유혹인 것을

허영에 무모한 질주가
젊음에 향기가 아니기를

권고

사는 게 힘들다 느껴지거든
그 삶을 보듬어주는 밤으로 가보세요

안식을 갈구하는 모두에게
쉼터를 내어주는 그 밤으로 가보세요

그 밤은 신분을 가리지 않고
만인을 치료하는 해결사랍니다

삶이 힘들다고 생각되거든 게 들어가
당신만의 평안을 꿈꾸어 보세요

밤은 당신에게 삶에 용기를 돋우어
새로운 희망을 안겨줄 것입니다

꿈의 시간

희미한 꿈이
아릿한 잔상을 남기고
새벽을 떠난다

간밤의 어둠을 걷어들고
빛으로 나서는
경쾌한 시간이다

꿈으로 가려진
우정과 사랑을 여닫노라면
혹여 낯선 시간이 될까

나는 아침마다
어둠이 도려낸 빛의 심장을 달고
다시 새날을 연다

딸에 이별

희고 작은 얼굴에
커다란 눈망울이 예쁜 딸
평생이라도 내 둥지 안에
지켜주고 싶은 사랑스러운 너

어느덧 장성하여
기축년 삼월 십오일
세상에 부름을 따라
내 곁을 떠나는구나

인륜지대사라 했건만
아쉬움을 감내하면서도
널 위한 근심은
쉽사리 떼 낼 수 없으니

윤회하는 삶의 세월 속에서
언젠가는 너도
네 아이를 이처럼 보내겠지
삶에 아린 이별이어라

그러나 슬픈 이별이 아니기에
기쁜 눈물이 흐른다
어디에서 삶에 뿌리를 내리든지
그 사는 곳에서 고운 꽃을 피워주렴

민들레 홀씨 같은 분신으로
세상을 향해 떠나는
딸에 이별을 지켜보면서
언제나 향기로운 삶이기를 기도한다

친구의 영전에서

그토록 힘겹던 삶이던가
작은 언덕에 가슴을 열고
야윈 몰골로 생을 꽃피우다가
민들레 홀씨처럼 떠나간 친구여

산다는 게 뭔지
지금에야 돌아보니
마음 아프게 바라만 보다가
서로가 애태웠던 우리에 모습들

순응이란 장단에 맞춰
고단한 운명도 용감했던 세상사
이제야 어렵사리 호시절을 만들어 놓고
낯선 이별을 고한 그대여

불러도 다시는 돌아오지 않을
친구의 영정 앞에서
미망인과 어린 상주를 대하니
고이는 눈물이 다 서러움입니다

친구 최찬규 영정 앞에서

비오는 날

비오는 날이면
지나간 시간에 들어가
빛바랜 영상을 펼쳐봅니다

고이 접어두었던
옛 편지에 깨알같이 밝혀있는
정겨운 기억의 무늬들

짧은 하루가 저물도록
지난 그 향기 다 캐낼 수는 없지만
마음에 들어와 맴도는 하루

다양하게 앞서는 생각
동구 밖 장승같이 불러 세우고
빗속의 추억을 걸어갑니다

어버이 사랑

어버이의 품은
지금껏 나를 지켜준 울타리입니다

따뜻했던 날처럼
그 모습은 다시 볼 수 없지만
깡마른 세월에도
자식에게 짐이 될까 돌아서시어
신음조차 깨물어 숨기시던
어버이의 그 모습
철없이 한해 두해를 지나고
이별에 강을 건너서야
애틋하게 남기신
부모님에 그 사랑이 느껴집니다

"평생을 두고도 갚지 못하는 게
어버이에 사랑이라지요"

조건 없는 그 사랑
이순에야 찾아낸 그리움이 지워지기 전에
또 다른 후회가 몰리기 전에

94 굴곡을 넘기시는 어머님께
내 모두를 바치렵니다

모래위에 글자

기백과 이상을 깨워
거침없이 꿈을 담았던
유년의 하늘은 어디로 갔을까
하늘높이 치솟던
그 꿈은 어디에 숨었을까

볼수록 영롱하여
겁 없이 퍼 담았던 유년의 세월
순수가 아름답던 그때
그 소년은 어디로 갔을까

아득히 달려온 오늘

세상을 눕힌 제단위엔
고뇌로 흐트러진 허무의 그림자들이
풍선처럼 부풀어 오르고
여전히 돌아가는 세상은
누구나 피할 수 없는 이승임을 말한다

오욕칠정이 넘실대는 인생길
희망 믿음 사랑 행복 배신 절망 허무
쓰디쓴 글자를 모두 모아
제단을 차리고
달려오는 새날을 불러야겠다
편도까지 지울 수 있다면

마지막 여행

난생처음
리무진을 탄 여행이었네
나는 앞자리 앉아서 가고
엄니는 뒷자리 누워서 가고

덧없이 짧은 천륜이
생에 최고의 사랑이었지

언젠가 한 번은
꼭 가야는 길에서
엄니는 뒷자리 눈감고 가고
나는 앞자리 눈뜨고 가고

엄니와 나
서로 슬픈 이별을 만지면서
낙엽처럼 날리는
늦가을을 나섰네

너무나 아픈 여행이었네
태산 같은 정을

눈물로 고해야 하는 엄니와 나
이승에서의
마지막 여행이었네

엄니를 가슴에 묻는
짧고도 긴
마지막 이별이었네

2020. 11. 17. 09.

불꽃

가슴에 서려있는
소망과 사랑과 정열이
아직도 뜨거운데

세상을 지나며
달구고 식히던 심신은
어느새 석양이구려

그러나 여전히
황혼에게 고삐를 잡히고도
차갑게 타오르는 불꽃

생을 태우고도
꿈으로 들어가지는 불꽃은
불멸의 불꽃이리라

제2부

명작

사람들로 부산한
서해안 고속도로의 휴게실

눈에 들어온 그림 한 점
높이는 43센티 폭은 70센티의 사각 틀 안에
멀리 큰 산을 겹겹이 둘러앉히고
수려한 풍경을 자랑하는
푸른 하늘이 비친 맑은 호수에
한가로이 띄운 일엽편주는
작가가 얼마나 고심했을
한 점의 핵이었을까

저마다 바쁘게 오가는
휴게실 벽면에 비스듬히 걸리어
장엄하게 나를 내려다보던 그림 한 점
바다와 산과 하늘이 하나가 되어
내 마음을 뺏고 있었다

누가 뭐라 해도
화맹畵盲인 내 눈엔
틀림없는 명작이었지

화성 휴게소

입구와 출구는
드는 자의 긴장과 나는 자의 여유로
언제나 분주하고
각기 다른 차량처럼
다양한 사람들이 북적거린다

쉼터라서 일까

완벽하지도 않은
52연식 내 중고차를 주차하고
서둘러 물을 빼고 난후
달콤한 커피로 늘어진 기운을 충전한다

선뜻 나선 길
그러나 여유로운 여행을 위하여
쉴 곳마다 멈추어 안식의 대열을 녹인다
들고나는 사람에게서 풍기는 여유로움
넌지시 그 향기를 물으며

5월의 뜨락

보이고 들리는 것들이 모두가
바람이었을까
흐릿한 기억을 따라서
마음에 고인 영상을 뒤적이다보니
민들레 꽃씨처럼 날아가는
뜨락에 인연들

5월의 뜨락은
라일락 향기로 술렁이는데
푸른 세월에 그려진 그 얼굴들
아직도 나를 기억하고 있을 그 이름들
맑은 유년을 지고
다 어디쯤 살아가고 있을까

그리움이 맴도는 5월의 뜨락에
잊을 수 없는 유년이
수국처럼 뽀얀 무리를 지어
소복소복 미소를 퍼 올린다

일상의 틀

한곳에 두 그림자를 드리고서
요지경이 되가는 현실
형체도 없는 환상들과
시시때때로 서로에 화음을 따지다가
결국 허상으로 깨어지는

긴 봄날
종일을 바삐 연연해야
겨우 민생의 틈새에 서식할 수 있는
이 빠듯한 제도에 엮이어
메마른 하루를 다듬어야 한다

누구라서 삶의 행복과 기쁨이
절로 얻어질까마는
뛰는 만큼도 얻을 수 없는
오늘날의 박절한 이 거래
목숨과도 같은 심오한 이 거래여

세상으로 눈을 돌리면
아직도 뜨겁게 가슴을 두드리는

달콤한 유혹이 즐비한데
나는 밤마다 적멸寂滅에 들어 환상을 보지요
더 허물을 벗지 못하면
안 될 것만 같아

동무

그리운 사람이여
갈수록 짐이 되는 세월엔
어딜 가도 녹록찮은 세상살이 아닌가
이제 그만
곤한 길을 멈추고 돌아오라

내일은 여기서도
우리에 여정을 가꿀 수 있나니
고향이란 우리에 둥지가 아니더냐
동무여 가던 길 돌아와
예 다시 새 길을 열자구나

우리에 오늘은
황혼 서린 반백이고 있나니
동무여 길을 멈추고 돌아오라
여기 함께 어울려
그 옛날 유년처럼 살자구나

동무여·동무여
낯선 곳을 서성이다 길을 잃은

그리운 내 동무들이여
아직은 온기가 남아있는 고향으로
모두 돌아오라 돌아와

후회

삼백예순다섯 날
밑줄이 그어진 삶은 치열했지
잇몸이 훤히 드러나도록 웃기도 하고
목이 쉬도록 울게도 하였지

닫힌 일상을 열면
궁핍에 긁힌 통증이 오래도록 가시지 않아
아릿한 돌기로 매만지던 시간들
오히려 아픔이 없는 날은
신비하다고 여겼지

날마다 정해진 각본을 따르면서도
만만치 않았던 인연에 길
그러나 수고 뒤에는
수직으로 남겨지는 무대만이
그 보답이었어

으스스 바람이 불 때는
고난을 피해 숨고도 싶었어
그러나 하늘은 선한자의 편에서

원하는 만큼 높이 뛸 기회를
주기도 하였지

생각을 더듬노라면
고구마 줄기처럼 달려 나오는 기억
이순이 맞닿은 하늘에는
석양이 물들고
가끔은 후회가 구름처럼 떠다닙니다

서툰 강태공들

벽두부터 들뜬 마음을 싣고
우쭐대던 작은 낚싯배
갑자기 밀려든 조무(朝霧)에
한나절을 표류하다가
우주의 섭리가 노닐던 영역에 다다라서야
긴장을 풀고
우럭 광어 놀래기 등
다양한 어류를 낚았던 서해의
서툰 강태공들

이른 아침 부표도 없는
깊고 두려운 해무 속을 떠돌다가
짧은 희열로 소진했던
그 하루

한날 우연히
한진 포구의 비린내 나는 바다를 나서서
한 무리 강태공이 되었던
40년 전 초동 친구들
어쩌다 한진항을 지날 때면

흐릿한 그 추억이
낚싯바늘에 꿰인 고기처럼 파닥이지요

2008. 10.

무인도

끝도 없는
수평선을 떠가며
고독한 이정표가 되어
바다를 지키는
작은 바위섬 무인도

뱃고동 소리
인정 없이 스쳐 가고
구름 한 조각 머물지 않아도
파도를 벗하여
외로움을 먹고 사는 곳

흘러간 세월만큼
그리움을 키운 뒤에야
지워진 물길을 따라
파도가 되려나
구름이 되려나

풀 한 포기 없어도
화석이 된 이야기

원초에 전설처럼 안고서
쉼 없이
생명을 잉태하는 새들에 낙원

통신주

어스름 저녁이 돼도
바람 소리를 길게 달고 있는
마을 앞 통신주

하 많은 세월에
뜨거운 사연 전했음인가
부실한 몸에 시꺼먼 기름칠을 하고
마을 앞 장승처럼 서서
골목대장이 돼있다

비바람에 시달리고
세월이 갈라진 깡마른 허리춤에는
상처를 꿰매 듯
철지난 광고 딱지 듬성듬성 붙이고
신음하는 통신주

아직은 차고 넘치는 정보를 소통하려
마을마다 늘어서 있지만
이제는 디지털에 밀려갈 애석한 몸체
머지않은 세월에

추억의 징검다리도 사라지겠지

정겨이 휘파람을 날리며
멀어지는 통신주

막걸리

민족에 얼이 담긴 막걸리
내 강산 8도를 누비며
시름을 덜어주고 신명을 돋우지

즐거운 삶에도
괴로운 삶에도
약방에 감초같이 끼어들어
삶을 춤추게 하고
노래하게 하고
하나로 만들기도 하지

절망과 시련 속에서도
편안한 용기가 돼 주는 그 이름은
민족에 얼이 담긴 막걸리

변하는 세월만큼
여러 가지
변종 주에 밀려나지만
가끔은 너의 힘으로
쓰러진 용기를 북돋아 세우고

꿈과 이상을 안기도 하지

컬컬한 막걸리
민족의 대명사가 돼버린
너는 나의 연금술사다

유한함에서

까닭도 모를 흔들림에 휩싸여
갈수록 불신 풍조는 팽배해지고
누구도 믿지 못하는 세상
이제는 맞춤이 필요한 사회던가

날 선 세상 얼마를 더 견뎌야
삶의 본질을 보게 될까
고된 허기를 생명처럼 틀어쥐고
질곡의 생을 허우적이는 세월
베이고 다치는 건 마음뿐이던가

고된 몸부림은
덧없는 세월에 굳어지고
절반이 터미네이터가 된 육신의 제동장치는
헐거운 톱니처럼 느슨해져
말을 듣지 않는다

여일의 창밖엔
삶이 뜨겁던 열기가 남아 있는데
흐릿한 안경너머로 허물을 벗어던지듯

빠르게 지나는 생
두려움도 유효기간을 지나니
평온해지는 세월입니다

나의 여백

언제부터
내가 바위가 되었는지
늘 세상에서 달콤한 바람이 달려와
내 여백을 흔들어도
나는 꿈적하지도 않습니다

오늘도 내 심중을 들먹이던 들보는
스스로의 무게에 눌리어
채움보다는 비움이 우선임을 알게 하고
누리는 기쁨보다는
나누는 기쁨이 더 크다는 것을
알리고 갑니다

살아있는 생명과
죽어있는 생명이 하나가 되는 미지의 공간
늘 거기 공존하는 나는
생이 유한함을 아쉬워하면서도
내 풍요로운 여백의 시간이 즐겁습니다

숨었던 진리를 찾아내어
깨우침을 살피고
삶을 뜻있게 하는 귀한시간들
어쩌면 삼신 할매가
흔들리지 않기를 바라며 점지해 준
생에 보너스 인가봅니다

생은 동등하다

태초로부터
음과 양으로 정해져도
그 생이
달라지진 않는다

세상을 사는 모든 생이
모양과 크기는 달라도
다 아름답고 고귀하며
동등한 것이다

생은 각자가
그 몫이 정해져 있을 뿐
생의 가치는
모두 동등한 것이다

철문 앞에서

수많은 세월이
들고나고, 들고나고

철문같이 녹슨
나의 몰골

미쁜 흔적들이
세월의 덫에 걸리어

주머니에 든
송곳처럼 거북하다

생에 반영되어
바스러지는 세월

파리잡기

뭘 잘못 했는지
무슨 죄를 지었는지
새봄에 도배한 하얀 벽에 붙어서
두 손을 싹싹 빌고 있는
파리 한 마리

그러나 아무리 빌어도
꼬누어 치는 파리채는 인정이 없다
운 좋게 피하기도 하지만
인간의 집념을 당할까
결국은 누런 골수로 흔적을 남기니
파리는 죽어도 말썽이다

삼복이 넘어가도
다시 파리의 숨바꼭질은 계속되고
입 앙 다물고 크게 눈자위를 굴리는
5살 손자 녀석이
헐렁한 바지를 추켜올리며
파리채를 고쳐 잡는다

다부진 듯
어설픈 듯
파리를 겨눈 아이의 손이
다시 둔탁한 바람소리를 낸다

내 고향은 반도 삼천리

누구에게나
어머니 같은 고향

누군들 그 고향이 없으리오
개발에 밀리고 수몰이 되다보니
까맣게 사라졌지만
언제나 같은 땅 같은 하늘이지요

이미 앞서거니 뒤서거니
지워진 고향이야
시대에 따른 산물인 것을
아무리 지워가도
언제나 내 고향은 반도 삼천리

뉘라서
영원한 고향이 있으리오
괴물 같은 장비들이 하룻밤을 들썩이면
감쪽같이 사라지는 그것이
오늘날에 우리들 고향인 것을

잃는 것이 있으면 얻는 것도 있으니
차라리 탓하지 않으리라
무정한 생의 길
고향을 잃어본 사람은 아나니
머물러 살다보면
어디든 그곳이 고향이라는 것을

언제 어디서나
같은 땅 같은 하늘
우리들 고향은 반도 삼천리

친구에 장난 끼

달리는 차안
낯익은 얼굴이 딴청을 부리며
시선을 마주치더니
노래한곡이라 적힌 티켓을 뽑아들고
장난치듯 큰소리로 읽었다

와 하는
박수소리가 튀어나오고
천만근 부담으로 느껴지는 무대 위에서
취중이 아니면 흉내 낼 수 없는
음치 중에 음치인 내가
'마지막 잎새'라는 노래를 남기고
29세의 나이로 세상을 떠난 천재가수 배호에
그 낡은 멜로디를 꺼냈다

노래가 끝나기도 전에
박수소리 웃음소리 장마당 같이 어우러지고
한 번 더란 구호로
음치를 포장해 주던 그 무대엔
낮 익은 얼굴들의 짓궂은 장난 끼가

무르익고 있었다

* 배호 : 독립운동가 가문에서 태어나 1971년 11월 7일 29세에 "마지막 잎새"라는 노래를 끝으로 5년 동안 300여곡을 남긴 천재가수임. 폐암으로 세상을 떠남.

외조모님과 2번째 이별
- 풍장

이팝 꽃이 거리를 덮고
초록이 물결치는 윤사월입니다
나 약속대로 외조모님의 묘소에 들어가
지친 외로움 송두리째 받쳐 들고
풍광이 좋은 곳을 찾아 갑니다

이승에 손도 없으시니
저승에서의 이십 수년 그 외로움이야
비길 곳 없어 말해 무엇 하리오

외조모님의 유골을 가슴에 안고
나 약속한 명산에 올라
외로움 없을 곳으로 보내 드리옵니다
이제는 명산 꼭대기
숲과 바람과 구름을 벗하며 마음껏
영혼을 달래시옵소서

세상 인연이야
언젠가는 끊어지는 것
이제는 돌아보지도 마시옵소서

이승에서 만났다 헤어지는
손을 기억하지도 마시옵소서
풍광이 되신 외조모님
이제 자유로이 마음껏 쉬시옵소서

2012. 5. 11. 금요일
우강 공원묘지에서 - 원효산 정상으로.
(94세로 가신. 외조모님 윤달에 파묘하여 풍장하다)

그대에게 가는 길

또 한차례 가을이 짙어져
낙엽이 떨어지면
흐려지는 기억을 따라서
나 추억 속에 그대를 만나러 갑니다

이끼 낀 돌단을 밟고
단풍이 날리는 나무들 사이를 지나
무겁고 둔탁한 걸음으로
여전히 기다리고 있을 그댈 만나러 갑니다

비탈길 오르막이 힘겨우면
바람에게 밀어 달라 부탁도 하고
내리막 바위길이 가파르면
칡넝쿨에 잡아 달라 손도 내밀면서

또 한해 가을이 가기 전
그리운 그대 먼저가 쉬고 있는 곳
고적한 산골짝으로
나 그대를 만나러 갑니다

제3부

국도 40호선

아지랑이 밀려가는 산자락에
나풀대는 나뭇잎 은빛으로 빛나고
황토 길마다 꽃향기가 넘치는
국도 40호선 정겨운 꼬부랑길

키 큰 미루나무가
차창을 넘겨보는 산길엔
수덕사 비구니의 목탁소리 흘러나와
시원스레 가슴을 쓸어주고

아직도 60년대 새마을의 흔적이
농가의 지붕마다 빨갛게 파랗게 얹히어
옛 향수를 풍겨주는
덕산에서 갈산으로 가는 꼬부랑길

저녁마다 노을에 숨어서
나그네 마음을 유혹하는 이 길은
국도 40호선
내 고장의 향기가 아름다운 길

자정의 시간

저무는 하루
내가 내게 들어가 불을 밝히면
한낮의 분주했던 상념이 고스란히 돌아와
곤두선 자정의 꼭대기에
헐거운 하루의 무게를 단다

눈으로 달고
입으로 달고
소리로 달지 않아도
넉넉히 알 수 있는 빤한 그 하루

안식이 필요하던 육신은
덕장의 명태처럼 늘어지고
하루의 순간마다 빤짝이던 마음이
파김치가 되어서
평안한 안식을 따라
어둠을 숭배하는 검은 낙원에 이른다

이 끝 모를 낙원에 끝은 어디일까
유혹에 파문은 어떤 것일까

심오한 의문에는
늘 곤고한 부호가 따라다니고

알 수 없는 것들에 붙들려
상상에 휘둘리는 자정

이생의 언덕

꿈의 시간이 되어
기억의 저편에 잠들어버린 세월이
추억의 갈피마다
형상으로 그려져 빼곡합니다

오늘은
뜬금없이 전해온 친구의 부음을
생을 다 그리지 못한
기억의 언덕에서
보석같이 오래도록 빛나던
동무의 이름 한자를 지워냅니다

뜸했던 소식이 잦아질수록
시간을 독촉하는 소리가 가까이 들리고
무감했던 우리의 거리는 줄어들어
가슴엔 두려움을 더하는
조바심을 알려옵니다

내일이 되면
더 많은 사람들과 낯익은 이름들이

이승에 그림자를 앞세워

울어도 소용없을

이별을 손짓하며 나서겠지요

오늘 당도한 부음처럼

뉘에게나

생이 영원하지 않다는 진리를 알리며

이팝나무 길

싱그러운 봄날 아침
합덕의 중심에서 서남쪽에 자리한
11층 홍인아파트
그 4차선 앞길에는 키 큰 이팝나무들이
하얀 드레스를 입은 5월의 신부가 되어
눈부시게 서 있습니다
하루를 시작하여
순백이 된 이팝나무 사이를 지나노라면
갓 튀긴 팝콘처럼 쏟아져 내리는
하얀 꽃 내 음이
온몸을 전율케 하지요
아지랑이 몰려가는 촌가의 언덕에는
까투리 울음 마른 풀숲마다 뒹굴어 가고
보리밭에 숨었던 종달이
파아란 하늘을 까마득히 날아올라
사랑을 노래합니다

8월 스케치

먹장구름이 달려와
한바탕 소나기를 퍼붓더니
8월의 정수리를 맴돌던 구름은
동편 하늘에 피어올라
동화같이 하얀 구름 궁전을 그린다

멀리 뵈던 산과 강이
한층 더 또렷한 풍경이 되고
비 그친 대지엔 마법처럼
사물들의 생기가 평화롭게 돋는다

느릿느릿 하늬바람이 이는 들녘에
무성한 꺼먹가리 은빛 파도를 일구고
백제 혼이 서린 소들은
내 고장 합덕의 자랑스런 보고가 된다

8월을 곧추서서
여름을 녹이는 열기가 기울어지는 한나절
미루나무 우듬지에 오른 매미는
목전에 흐른 땀내를 씻기며
앙칼진 소리로 가을을 넘보고 있다

도시의 밤

고층빌딩이 숲을 이루어
경계도 없는 어둠에 휩싸일 때면
현란한 불빛이 거리에 막을 올리고
온갖 사람들이
불나방같이 들어서는 도심의 밤

자정에도 배를 불리려는 사람들이
위태로운 걸음을 옮기면서
안식 같은 건 안중에도 없는 듯
차가운 거리를 기웃거리며
더 큰 요행을 찾으려 비틀거린다

밤은 깊어도
잠들지 못하는 고단한 도시의 밤
저마다 더듬는 꿈이
불빛 속을 쫓고 쫓기며
절절한 아우성에 섞이어 술렁인다

불 밝힌 도심의 고요 속
한강 물은 어디서 와서 어디로 흘러가는지

반짝이는 물비늘 튕기며 어디로 가는지
애잔한 불빛에 젖어
도시에 가난한 밤이 야위어 간다

덕유산 정상에서

정겨운 산길
그 허리 다시 밟고 올라도
산은 거부하지 않았다
젊은이가 다람쥐처럼 올라오거나
늙은이가 달팽이처럼 올라가도
산은 책하지 않았다

가끔은 운무를 둘러쓰고
제 웅장함을 가리는 향적봉
키 작은 주목들이
천 년 전설을 지키며 살고 있어도
산은 늘 겸손함으로
운무를 감아 수묵화를 그렸다

향적봉 1,614m라는 높이
사람들이 단지 그 이유만으로
상고대 피는 이곳을 찾지 않을 터
이 산에 더 비밀스러운 무엇이 있기에
사시사철 끊이지 않고
사람의 행렬이 이어지는 걸까

이번엔 기어코

덕유산에 숨겨진 그 비밀을

살아서 천 년

죽어서도 천 년을 간다는 주목에게

귀동냥 해가야겠다

미완성 그림의 여백

군복을 벗던 1975년 6월 그 이후
나는 마음에 동그라미 하나를 그려놓고
그 여백을 채우려
무던히 좌충우돌 동분서주 했지요

어느덧 60여 성상

머리는 반백이 되고
꿈을 부풀리던 일상에는
미완성된 환상들이 흩어져
알 수 없는 여백에
의문의 퍼즐로 남아있지요

눈을 감아도 훤히 드려다 뵈는
투명한 여백
그 고삐 없는 여정에는
성급히 달리는 내 그림자가
금 같은 시간을 쫓으며 여위어갑니다

여백에 앉아
잠시 숨을 고르다보면
세상사 여유를 가져야한다면서
달뜨게 코를 높이는 세월

月岳의 계곡

발길이 닿은 곳은
월악月岳의 한적한 골짜기
주변은 온통 신神이 빚은 비경秘境인지라
세속俗世의 허물이 보이지 않았다
슬그머니 마음에 빗장을 풀어
내 안에 덕지덕지 붙어있는 세심을
계곡물에 씻어본다

초목이 숨죽인 골짜기엔
묵상黙想하듯 돌아앉은 바위 밑으로
물소리와 새소리 숨어 흐르고
바람이 흔드는 나뭇잎 사이엔
한줄기 햇빛이
큐피드의 화살인양 숲을 뚫는다

정해진 시간을 망설이다
멀리 달려온 길
오늘은 이 낯선 월악月岳의 청정계곡에 묻혀
원시를 살아가는 돌덩이처럼

세상을 등지고 앉아
무아에 든 신선이 되고 싶다

저문 소들의 풍경

들 둑 마다 농기계가 달리고
기상이 장엄하던 삽교천의 소들에는
막걸릿잔 비워내던 농부들이
만추의 황금 꽃을
곳간이 넘치도록 쌓아올렸다

계절풍 서성대는 길목엔
풍요롭던 풀벌레 소리 작아지고
황량해진 소들엔
짧은 노을에 기대선 외발 허수아비
외로운 그림자를 키운다

바라보는 지평선엔
베 끝에 걸린 바람이 까칠하고
땅거미 밀려가는 서해대교엔
일상을 실은 차량들이
희망을 향하여 달리고 있다

자성

세상 누구라 해도
내일을 장담할 수는 없는데
나라고해서
내일을 확언할 수 있으랴

누군가에겐
심각하고 절실한 것들이
다른 말로 외면되고
입에 올리는 겉치레에만
안주하진 않았는지

내 마음에 들보를 찾아
구석구석을
차례대로 스캔해 본다
아직도 내 안에
남아있는 허물을 찾아

늦가을의 은행나무

지난밤 비바람이
어둠을 들먹이며 울부짖더니
고목이 된 은행나무가 속속들이 물들어
또 하루가 허전해질 것 같은
예감으로 아침을 맞는다

오늘은 가을비가 온다더니
어제 TV의 일기예보가 적중하려는지
차갑고 음산한 기운이
잔뜩 찌푸린 하늘을 타고 내린다

그렇다고 건강한 몸으로
풍성한 가을 한날을
풋내기 추위에 빼앗길 수 있으랴
느슨해진 신발 끈을 조이며
가을이 깊어진 골짜기
감성을 물들이는 자연의 서정을 따라
강산을 돌고 돌아
秋節의 아름다움을 만끽해야지

오늘따라
비에 젖은 늦가을 은행잎이
마음에 달라붙어 여정을 보챈다

여정

생이 무성한 자연에게로
길을 나서면
혼탁한 세상이 연신 발목을 잡지만
내일을 향한 눈빛은
변함없는 각오로 비장하다네

세월이 반복되어
어제에 힘든 고비가 다시 올지라도
이제는 나를
내일에 방목해야지
더는 오늘의 망설임에 머물지 말아야지

갈수록 기울어져 만만치 않은 생
전보다 더 힘들지라도
마음을 추스려
오늘에 여정을 가꾸어야지
황혼에 물든 아쉬움을 충족해야지

빛

늘 어둠 앞에서
우주의 알파와 오메가가 되어
무한대로 세상을 밝혀주는 빛
형태는 없으나
온기로 만져지는 이 빛은
어딘가에 생이 존재하기를 바라며

신이 비밀스럽게 보내는
무언에 계시일까

해가 갈수록 의문을 살찌우며
낮아지는 하늘과
높아지는 땅에서
끝없이 공상의 날개를 펴는 빛
날이 갈수록
우주에 대한 의문은 더 가중되고

이생의 낙원에서
풀리지 않는 숙제를 받은 나는
날마다 알파와 오메가의 빛을 캔다

터널

눈보라가 마주치는 산모퉁이에
하얗게 치장을 하고
엉거주춤 웅크리고 앉아서
하마 같은 입을 벌리고 있는 너

아마도 전생에서
허기진 귀신이라도 붙어왔는지
거푸거푸 오가는 차량을 다 빨아먹고는
꼬리 긴 철마마저
자취 없이 삼키었다

종일토록 배불린 터널이
더 채워야 할 구석이 남았는지
날카로운 기세로 노려보는 표정은
늘 허기진 모습이다

그렇게 하루를 살았건만
그래도 염치없이 터널이 늘어놓은 말은
"한강에 돌을 던져 보라"며
오히려 을러대는 표정이니 허참 이거야

저 오만하고 가증스런
터널의 이기심이
이 세상에 전이되지 않기를

동절기 적응훈련
- 48년 전 기억

추위가 살을 에이던 12월
가을이면 들국화가 피던 자리에
임시초소가 차려지고
덜컹거리며 괴성을 내는 괴도소리는 밤을 갈랐지
달리는 장갑차 안은 왜 그리 춥던지

철원에서의 혹독한 동절기 적응훈련
사방에 난무하는 포 소리를 귀에 담으며
M1 소총을 움켜쥔 초병은
밤새 화약 냄새를 헤치며 밤을 훑었다

알면 병이요 모르면 약이라 했던가
시린 발을 동동이던 붉은 아침
여명에 드러난 진지의 바닥이 텅텅거리더니
군화 발을 끌어당겼다
그제야 그곳이 6.25때 전사한
한 용사의 넋이 잠들어 있던 무덤이었음을 알았지

1973년 12월 하순
1622 기계화 보병부대 동절기 훈련장인

*철원 문내리 벌판에서의 기억
훈련장을 누비다 괴도에 밟히는 녹슨 파편들
오랜 세월이 흘렀어도
6.25에 흔적은 그곳에 남아있었다

* 철원 문내리 벌판 : 김일성이 철원 문내리 벌판을 아군에게 뺏기고 3일이나 밥을 먹지 않았다는 군사 요충지이다

풍경소리

나동수 시집

제4부

시가 아닌 글을
기록으로 남기며

병상일지
- 11월 18일

가을에서 겨울로 가는 환절기
스산한 바람이 낙엽을 날리는 길목에 서 본다
잿빛 구름처럼 마음이 우울했던 덕유산 산행을 하던 그날!
하산 길에 하반신이 터질듯 한 아픔이 전해지는 허리디스크를 얻었다
코앞에 다가 선 연호문학회 제 11집 출판식이 마음에 걸렸지만
하는 수 없이 만사를 제쳐놓고 병원으로 향할 수밖에 없었다
찾아온 곳은 천안 우리척추전문병원
응급실에 들어서자마자 서둘러 MRI를 비롯한 기초검사를 모두 마치고
견딜 수 없는 통증에 곧바로 수술대에 올랐다
4번과 5번 마디의 심각한 척추 간판 탈출 협착증이란다
마취 후 3시간의 수술이 끝나고서야 정신이 들었다
입원실로 가기 위해 밀파에 실린 채 밖을 보니
11월을 재촉하는 찬비가 내리고 있었다
링거 줄을 감아 걸고
아픈 육신들이 저마다의 자리에 붙박이 되어있는 6인실로 입실 되었다

청소년 중장년 노년

병원에 올 때마다 느끼는 일이지만 세상에 왜 그리 아픈 사람들이 많은 지

오늘 나 자신이 환자가 되어 천천히 주의를 둘러보니

중장년이 6할이다

입실이 후임인 나는 움직일 수 없는 중환자 상태이다

예전에 앉고 선다는 것 움직일 수 있다는 것이 얼마나 큰 행복이었나를

이렇게 눕고서야 절실히 느낄 수 있었다

낮엔 병실이 문병객들로 북적이지만

밤의 병실은 제각기 커튼으로 둘리고 10시가 되면 TV 화면조차 소등하여

환자들은 비몽사몽 아픔만을 공유하며 불편한 몸을 무겁게 뒤척거린다

하룻밤이 지나면 퇴실하는 사람도 있다는데

그러나 입실 초짜인 나는 갓 허물을 벗은 애벌레 같이 이제부터 시작일 뿐이다

얼마를 견뎌야 예전으로 돌아갈 수 있을까

자문자답으로 물음표를 달면서
낮아지는 숨소리를 헤이며 병실의 첫날밤을 보낸다

병실 고르기
- 11월 19일

처음엔 좋아 보이나
1인실은
후회스럽지
공동체에 익숙한 우리에겐
6인실이야말로
사람냄새 풍기는 방이다

몸을 고치려면
전자로 가고
몸과 마음을 다 고치려면
후자로 가라

4일째의 밤
- 11월 20일

10시면 소등되는 병실
칠흑 같은 어둠이 방으로 기어든다
육신의 고통을 지우며
마음이 따뜻한 사람들이 꿈을 찾아가는
하얀 안식처
때로는 침묵뿐인 초저녁이
혼란스럽기도 하지만
쉬이 돌아오는 평온
4일째의 병상
다시 소등에 떠밀려 안식으로 간다

자문
- 11월 21일

누워서 옆을 보니
간병인 의자에 이불도 덮지 않은 채
지친 모양의 아내가 새우잠에 빠져있다
나는 아직도 움직일 수 없어
간호사에게 부탁하여 아내에게 이불을 덮어주고 나니
복도를 밝히는 흐린 불빛이
문틈에 끼워놓은 물병으로 들어와
병마와 싸우는 약제처럼 병실 일부를 비춰준다
거친 숨소리만 들고나는 어둠이 가득한 방
나는 누구이며 누구일까
무엇을 추구하며 어디로 가고 있는 걸까
밤은 깊은데 엉뚱한 생각으로 자문자답이 수북하다
문이 닫히면 병실로 들어선 빛도 곧 사라질 것이다
누운 채로 자문에 들어가 자답을 캐는 밤이다

여명
- 11월 22일

우리척추전문병원 5층
입원실 로비에서 유리창 너머로 보이는 동편
흑성산에 붉은 여명이 움트기 시작한다
나는 그 하늘에
커다란 동그라미 하나를 그리며
물방개 같이 시작될 하루에 점을 찍는다

무통주사
- 11월 23일

아직 누운 채 천창만을 바라봐야 한다
쉼 없이 링거 줄을 타는 무통에 수정방울
그 덕에 통증을 잊는다
창문 너머로
금방이라도 세상을 활개 할 듯
아픔을 탈피한 육신이 침대 위에서 꿈틀거리게 되는
무통주사의 효과는 빠르다
환상에 그 수정방울을 알고 보니
서민을 울리는 비 보험에 해당하는 돈뭉치란다
그러나 어쩌랴
마법처럼 환자의 아픔을 녹여주는 것을
그 신비스럽기만 한 수정방울이
오늘밤도 내 혈관을 타고 들어와
신음을 덜어내고 있다

복대 탈부착 소리
- 11월 24일

벌써 8일째 병실의 시간은 더디게 흐른다
저녁쯤 LC 일행이 다녀갔다
제법 익숙해진 탓일까
이제는 복도에 늘어서 있는 휠체어들을 보아도
그저 무덤덤하다
몸에 남은 지독한 아픔만이
의문과 믿음 사이에 끼어서 마음을 겉돌게 한다
잠이 오지 않는 새벽 3시 20분
복대의 찍찍이 벗는 작은 소리에도
병고에 민감해진 환자들이 잠을 깨는 상황
조심스럽게 문을 열고 복도로 나서서
간신히 휠체어에 의지하여 밖을 보았다
창밖에 보이는 거리의 밤은 잠들어 가는데
통증을 안고 잠들지 못하는 환자들이 복도 한편에서
어슬렁거리고 있다
신은 나에게 삶의 깊이를 알게 하려고
이런 시간을 겪게 하는가보다

병실의 밤
- 11월 25일

24절기 중의 하나인 소설이 지난다
밤이 이렇게 길고 지루했던가
병실 안은 침상마다
안식을 도난당한 거친 숨소리로 뒤척거리고
복도를 뒹굴던 불빛은
문틈에 매달려 대롱거린다
병실의 어둠은 으레 이렇게 느리기만 한지
몸에서 빠지지 않는 통증처럼
마음을 휘젓는 환상처럼
빨리 나서고 싶은 밤이
얄미운 걸음으로 새벽을 맴돌고 있다

큐리오시티호
- 11월 26일

오늘은
큐리오시티호(미국화성탐사선)가
우주를 향해 발사되었다
과학에 향연이다
꿈에서도 예상 못한
5억 7천만km의 여정을 예상한단다
병실에 누워서도
그저 경이롭다는 생각뿐
인간의 도전은 어디까지일까

저항 할 수 없는 밤
- 11월 30일

  어쩌면 퇴실로 종지부를 찍게 될 마지막 밤 3시가 지난다
  더딘 걸음으로 왔다가 어둠속으로 사라지는 시간들
  왕년에 세신실업 노조위원장을 지냈다며
  8, 9번 늑골이 부러졌으면서도 말을 잘하는 포항 사나이 김 모씨도
  옆 동네 신평에서 올라와 허리를 수술하고
  당 수치가 높아 고생 고생하던 애처가 최 모씨도
  인주에서 농사 3만평을 하다가
  양 무릎을 수술했다는 급한 성격의 권 모씨도
  오늘 수술을 받고 갓 입실한 덩치 큰 회사원 젊은이도
  한국말은 한마디도 모른다 하며 금식으로 내일 수술을 기다리는
  조선족 깡마른 청년도
  6개의 침대가 도란도란 한방을 차지하고 짧은 인연에 스쳐 가는 사람들이었다

  오늘 밤은 그들의 마음에도 제각기 돋아나는 희망들이
  꿈틀대며 어디론가 흐르고 있을 것이다
  순리를 거부할 수 없는 밤
  간간이 밤을 이어 달리는 대로변의 차들은

제각기 더 깊은 곳으로 달리고
　침묵에 덮이어 밀려드는 애틋한 감정은 더 깊은 밤으로 가는데
　늦도록 통증을 매달고 채 아물지 않은 시간이 꼬물꼬물 앙탈을 부린다
　그러나 까짓 아픔쯤이야
　이 밤이 지나면 보따리를 쌓아 퇴원하게 될 것을
　12월 첫날이 시작되는 새벽하늘엔 듬성듬성 눈발이 날린다
　건강은 건강할 때 지켜야 한다는 명언을 되새기며
　보름 만에 병원을 나설 생각을 하니
　왠지 허탈한 웃음이 튀어나온다
　어쨌든 퇴원이다 와우!!!

숙달된 동작
- 11월 27일

수면을 동반했던 약기운이 돌고
초저녁 어둠처럼 병실을 기웃거리던 새벽이
하루의 시작을 알린다

흰옷 차림의 간호사가
종종걸음으로 대롱거리는 불빛 속에서
긴 복도에 병실을 돌고 있다

나는 무뎌진 신경 줄을 달고
제법 숙달된 동작으로
휠체어에 앉은 채 화장실을 나온다

해설

세상에 던지고 싶은 마음의 무늬들
- 상실과 허무의 세계를 극복하다

김명수(시인, 효학박사)

\<해설\>

세상에 던지고 싶은 마음의 무늬들
- 상실과 허무의 세계를 극복하다

김명수(시인, 효학박사)

1. 들어가면서

   시를 쓰는 모든 시인들이 바라는 것 중 하나는 좋은 시를 쓰는 것이다. 물론 좋은 시는 그냥 나오는 것이 아니다. 곧 자신과의 치열함 속에서 탄생할 수 있다. 그렇다면 시를 쓰는 그대는 시를 쓰기 위해 얼마나 자신과의 치열한 싸움을 계속 하고 있는가. 시인은 시를 통해 무엇을 나타내려고 할까. 시인은 오늘도 마음 깊숙한 곳에 들어 있는 그 무엇을 여러 가지 방법으로 들어 내놓으려 한다. 그리고 결국엔 자신의 모든 것들을 다른 사람들에게 발가벗겨 내 놓는다. 시인은 그 순간부터는 몸매가 어떻고 자세가 어떻고 용모가 어떻고 하면서 다방면으로 비판하는 것을 받아들여야 한다. 시가 바로 그렇다. 때문에 시인들은 자기의 아픔인 시를 불쑥 내 놓기 전 위 아래로, 좌우로 둘러보면서 부족한 면이 있나보고 다시 살펴본다. 그렇게 세상에 내 놓게 되는 시들은 여러 방면에서 독자들의 마음을 사로잡기도 하지만 여러 사람들의 평가의 대상이 되기도 한다.

시는 자기표현이라고도 하는데 그 속에는 자기 삶의 현 주소가 있어야 된다고 했다. 그러기 위해서 아리스토텔레스의 모방론에서 말한 것처럼 작품 속에 인간 삶의 한 부분이 반영되어야 한다고 말한다. 이는 문학이 언어를 매개 수단으로 할 때에 인간의 경험을 재현하는 것인 바 그것은 인간이 원래 갖고 있던 모방 본능이 작용한다는 것이기도 하다. 아리스토텔레스는 또한 모방을 문학의 자연스런 특성으로 인식하였다. 그 모방하는 세상은 개연성의 원리에 따라 움직이고 그에 의해 가지게 되는 것은 인간의 보편적인 행위로 외부 사물이 아닌 실체라고 하는 것이다. 인간이 만들어낸 작품 가운데 하나인 예술과 그 하위 개념인 시에 당연히 독자적인 존재 의의가 있어야 하며, 시인은 그것을 구현시키는 사람이라는 것이 '시학'을 통해 아리스토텔레스가 내세운 모방론의 골자이다. 아리스토텔레스가 보편성 이론을 이용해 설명한 시는 있을 수 있는 세계 혹은 있음직한 것들을 그린다고 주장하였다. 또한 시의 세계는 보편적인 것이고 개연적인 것이라 하였다. 그와 동시에 시는 절대적 이념이나 종교적 신념 이상으로 사람들을 움직이게 하는 힘을 지니고 있다고 했다. 이토록 시가 갖는 힘은 위대하고 그러기에 시인들은 자기 표현을 통해서 현실의 세계를 자기만의 색깔로 그려가고 있다. 이런 맥락에서 나동수 시인의 시 쓰기가 함께 하고 있다.

나동수 시인은 당진 합덕에서 출생했고 오랫동안 합덕에서 살다가 현재는 인근의 우강으로 옮겨 생활하고 있다. 어려서부터 고향을 한 번도 떠난 적도 없고 앞으로 떠날 생각도 없다고 한다. 대개의 경우 젊은 날 고향을 떠나 있다가 나이가 들면 다시 고향으로 와 생활하게 되는데 나동수 시인은 일평생 꿋꿋이 고향을 지키면서 사람냄새 물씬 나는 시를 쓰고 있는 것이다. 2010년 시사문단으로 데뷔한 후 당진문협지부장을 역임했고 서안시 동인, 충남문협 감사로 일하는 등 지역 문학발전에도 열심히 참여하고 있다. 첫 시집『백령도 친구』를 발간 한 후 두 번째 시집『종이 가방』, 세 번째 시집『그림자』등 세권의 시집을 냈으니『풍경소리』는 네 번째 시집이 된다. 나동수 시인은 최근까지 두 번이나 척추수술을 하고서도 열심히 시를 써 왔다. 적어도 시를 쓰는 순간만큼은 아픔을 잊을 수 있고 시를 통해 위안을 받고 시 속에서 앞으로 나아 갈 수 있는 힘을 얻을 수 있다고 믿는다. 그래야 건강한 내일을 맞이할 수 있기 때문이기도 하다.

2. 세상에 던진 마음의 무늬

　나동수 시인의『풍경소리』는 총 4부 78편의 시가 모아져 있다. 시인은 이 시를 세상에 던지고 싶은 숨었던 마음의 무늬라고 했다. 그 무늬를 가슴속에만 갖고 있는 게 아니고 세상에 내놓음으로써 마음이 평안해진다는 것이다. 그렇다 시는 자신의 이야기이고 메시지이고 외침이다. 그 외침을 세상에 내놓아야 세상 사람들이 듣는다. 들어야 좋은 것인지 안 좋은 것인지를 안다. 그런 작업을 반복함으로써 자신을 성장시키고 세상 사람들을 깨우쳐 준다. 그러다보면 그가 머릿글에서 말했듯이 글 속에 숨었던 보물을 발견하게 되고 얕으면서도 깊은 곳에 사는 글의 참 뜻을 찾을 수 있을 것이다. 그것이 시인이 찾으려 하는 진정한 마음의 무늬이기 때문이다.

해맑은 모습으로
생을 여는 어린 생명체

눈도 아닌 눈을 떠
거침없이 세상을 붙든 저 몸짓
우리도 태어날 땐
다 그랬을까

세월이 변하고
희망을 키우던 바람이
거칠게 일어설 때
나는 그때서야
비로소 세상을 알았어

아직은 떡잎뿐인 너
그러나 창창히 마지하게 될
수많은 고비들

눈을 크게 떠야 할 거야
귀를 높이 세워야 할 거야
네 안에 크는
그 고결한 이상을 위해서라면

- 「새싹에게」 전문

사람이 첫 출발을 할 때에는 많은 다짐을 하게 된다. 그건 첫 출발을 시작하는 다른 사람들도 마찬가지다. 그게 새롭게 시작하는 첫 직장이 되었든, 처음 시작하는 농사가 되었든 처음으로 해 보는 연애가 되었든, 그리고 목표를 두고 시작하는 공부가 되었든, 처음으로 세상에 도전하는 일들은 자신에게 기대도 되거니와 걱정이 많이 되기 때문이다. '아직은 떡잎일 뿐인데 앞으로 닥쳐올 난관들, 그로 인해 창창히 부서지게 될 수많은 고비들'에서 보는 것처럼 많은 사람들은 자신은 물론 부모님이나 주위 가족, 친구들에게 걱정해 주는 말을 해준다. 꼭 성공해, 잘 될거야, 몸 조심하고, 마음 단단이 먹고 시작해야 돼, 건강도 생각하면서 등, 이렇게 걱정을 해 주는 사람은 매우 인간적이고 정이 있고 상대방을 사랑하고 배려하는 마음이 가득하다. 나동수 시인의 시가 그렇디, 힌 미디로 매우 인간적이고 상대방을 많이 배려하고 걱정해 주고 아픔도 함께 하려는 휴머니즘이 깔려 있다. 새싹이란 작품 하나만 보아도 그게 미천한 식물의 씨앗에서 나오는 것이었든, 아니면 이름 모를 풀꽃의 새싹이 되었든 그 새싹에게 말한다. '아직은 떡잎이지만 세상을 살아가려면 수많은 고비들이 닥칠 거다. 그래서 눈을 크게 뜨고 보고 귀를 높이 세우고' 들어야 할 거라고. 그래야만이 그 새싹이 갖고 있는 고결한 이상을 펼칠 수 있기 때문이다. 이것은 곧 우리들이 세상을 살아가면서 겪게 될 일들에 대해 말하는 것처럼 들린다. 시인은 이렇게 아주 작은 새싹을 통하여 우리가 세상을 살아가며 닥쳐올 수 많은 일들, 아프고 힘들고 괴로운 일들을 눈을 크게 뜨고 이겨 나가야 할 것이라고 말한다. 내면에 자리하고 있는 이상을 실현하기 위해서 우리가 처한 여러 가지 힘든 상황을 이겨 나가야 한다는 것을 어리고 여린 새싹을 통해 외치고 있는 것이다.

물의 수호신답게
초록빛으로 치장을 하고
반들반들 속내를 빛내는 부레옥잠
커다란 공기주머니를 뿌리에 감추고서도
거추장스럽다 불평하지 않는다

환경에 따라
운명에 순응하는 그 이름 부평초
그는 언제 어디서나
물살에 떠밀리지 않으려고
안달하거나 조바심하지도 않는다.

어디나 오수가 있는 곳이면
초록으로 뿌리를 내리는 너는
무엇에도 물들지 않는
애초부터 고결한 위상을 지닌
신의 자손이었는지도 모른다

생물은 다 좋은 환경을 향해 순을 뻗지만
부레옥잠은 결코 오수가 아니면
뿌리를 내리지 않는다.
만물의 영장인 우리도
세상에 부레옥잠이 되었으면 좋겠다

- 「부레옥잠」 전문

이 시에서는 어떤 취약한 환경 속에서도 이를 극복하고 살아가는 부레옥잠의 끈질긴 생명력을 그리고 있다. "커다란 공기 주머니를 뿌리에 감추고서도"에서처럼, 우리 주변에서도 신체적으로 불편하지만 이를 탓하지 않고 자기만의 삶의 방식으로 그 불편함을 이용하여 씩씩하게 살아가는 경우도 쉽게 볼 수 있다. 환경적인 경우도 마찬가지다. 오지에 사는 사람이나 쪽방촌에 사는 사람들이라도 주거 환경이나 교통 환경이 불편하고 어렵지만 스스로의 힘으로 이겨 나가면서 사는 경우는 얼마든지 볼 수 있다. 부레옥잠의 경우도 그렇다. 뿌리 속에 나타난 공기주머니가 거추장스런 게 아니라 나를 지탱해주는 무기가 되어 오히려 나를 편안하게 해 주고 멋있는 수중 생활도 할 수 있게 해 준다. 이런 식물들의 어려운 환경을 이겨 내기는 삶의 모습들은 비단 부레옥잠에 그치지 않고 주변에서 얼마든지 볼 수 있다. 뙤약볕 마른 땅 위를 기면서 뿌리 내리고 뻗어 나가는 잔디, 파도에 밀려오고 밀려 나가기를 반복하면서도 뿌리내리며 성장하는 바닷가 미역의 생명력, 깊은 산 바위 위에 기생하는 석화石花, 바닷가 바위틈에 홀로 뿌리 내리며 커가고 있는 등 굽은 소나무 등, 수 없이 많은 식물들이 척박한 환경 속에서 나름대로 치열한 생명력을 발휘하며 살아가는 모습을 보여 준다. "부레옥잠은 결코 오수가 아니면 / 뿌리를 내리지 않는다" 사람들 또한 마찬가지다. 양지만 찾아 사는 사람들도 있지만 부레옥잠이나 다른 식물들의 경우처럼 척박한 환경 속에서도 이를 극복하고 이겨 나가는 사람들도 많이 있다. 도시의 쪽방촌이나 산간 오지에 사는 사람들 그리고 신체적으로 불편한 사람들도 이를 극복하고 살아가는 모습들을 보면 머리가 숙여진다. 나동수 시인의 외침은 바로 그것이다. 부레옥잠은 오수에 뿌리를 내리며 오히려 그 혼탁한 물을 정화시키는 역할을 한다. 부레옥잠의 삶의 방식은 우리에게 물에 사는 식물에서 배워야 할 메시지를 전해주는 것이 아닐까. 하찮은 식물이 그러할진데 만물의 영장이라고 하는 사람이라면 사회를 오염시키는 주범이 되지 말고 오히려 사회를 정화시킬 수 있는 사람이 되어야 할 것이다. 라고 하는 것이 나동수 시인의 외침이다.

동강의 유람선에 기대어
긴 강줄기를 거슬러 오르다보면
기괴하게 기운 산은
좌우로 넘어질 듯 장엄하고
왼 종일 햇살에 익어진 물결은
동강에 반짝이는 은빛 물무늬를 흩뿌려
객들의 탄성을 자아낸다.

어쩌다 홀로의 여행인가
풍경을 휘저어도 채워지지 않는 가슴
몸은 긴 동강을 떠가도
마음은 날리는 낙화처럼 애잔하게
산을 넘어 멀어지네.

산과 하늘이 하나로 어우러진 날
배는 온 길을 돌아서서
도도한 물살을 거슬러 오르는데
상춘객들의 흥겨운 노랫가락은
저물도록 뱃전에 기울어지네.
　　　　　　　- 「동강을 가다」 전문

나동수 시인의 시 속에는 풍류를 즐기는 모습이 보인다. 동강의 유람선을 타고 그 절경인 바위산 근처를 돌아가면서 관광객들과 하나가 되어 눈앞에 펼쳐지는 풍광에 감탄을 자아낸다. 이 시를 읽다 보면 일찍이 두보의 시 강촌江村이 떠 올려 진다. (맑은 강의 한 줄기/마을을 안아 흐르니 / 긴 여름 강촌의 일마다 그윽하다 / 서로 친하며 시로 가까운 것은 / 물가운데 갈매기로다 / 늙은 아내는 종이로 장기판을 만들고 / 어린 아이는 바늘을 두드려 낚시를 만든다 / 많은 병에 얻고자 하는 것은 오직 약물이니 / 아, 미천한 몸 이것밖에 무엇을 구하리오)

　현대를 사는 사람들에게 조금 아쉬운 게 있다면 옛날 사람들처럼 풍류를 즐기는 면이 좀 부족하다는 거다. 모두 살기 바쁘고 일하기 바쁘고 공부하기 바쁘고 정치하기 바빠서 그런지 몰라도 사람 사는 맛이란 그래도 풍류가 있어야 하지 않을까? 시인은 바로 이런 면에서 바쁜 틈 속에서도 동강을 찾아 여행을 하고 현지에서 배를 타고 풍류를 즐기고 있기에 훨씬 여유로워 보인다고 할까. 배를 타고 풍경을 휘저어도 채워지지 않는 가슴처럼 나동수 시인은 그러나 아직 목이 마르고 배가 고프다. 여기서 2박 3일이 아니라 한 일주일 쯤 아니 한달 쯤 아름다운 산천 곳곳을 누비며 자연을 관조 해 본다면 목마른 것이 풀리지 않을까? 이런 기행은 나동수 시인뿐 아니라 현대를 사는 모든 사람들에게 모두 필요 할른지 모른다. 우리가 조금 여유를 갖고 세상사 근심 걱정 없이 풍류를 즐겨 본다면 훨씬 사람 사는 냄새가 풍길 것이라고 생각한다.

작은 풍경 하나가
오래도록 산사의 추녀 끝에 매달려
속세의 세월을 감내하더니
오늘에서야
밤마다 빈 허공을 치며
이방인의 가슴을 씻으란다

바람이 불때마다
세상의 고뇌를 잊으라며
혼란에도 정진하라 흔들리지 마라
때때로 삶을 바로서서
매듭진 어둠을 지우라며
소리치더니

오늘은 내 귀하나 네 귀하나
이방인의 귀하나
들을 수 있는 온갖 귀 다 불러놓고
카랑카랑 여문 울림으로
짧은 생에 겹도는
수백 수천의 깨달음을 들으라네.

세상 만물이
붉게 기운 가을밤
가슴을 적시는 풍경소리가
밤새도록 울었네

-「풍경소리」 전문

마음이 참 혼란스러울 때, 이것저것 여러 가지가 나를 괴롭하고 있을 때 조용히 산사를 찾아가 본다. 소나무 가지 사이로 달빛이 흐르고 멀리 은하수를 따라 나만의 별을 찾는다. 그때 땡그렁, 땡그렁 하는 소리가 들린다. 산사의 추녀 끝에 매달린 풍경에서 바람에 부딪히는 소리다. 그 소리는 세상으로부터 가지고 온 고뇌를 잊으라고 울리는 소리다. 우리가 살아가고 있는 주변에서 겉도는 잡념들을 버리게 하고 새로운 깨달음을 얻으라는 소리다. 시인의 생각은 그렇다. 말이 필요 없고 조용히 스스로 깨달음의 경지까지 가 보는 거다. 속세의 모든 잡념을 버리고 고요와 침묵이 흐르는 산사에서 시인은 바람에 흔들리는 풍경소리에 귀를 기울이고 수천수백의 깨달음을 통하여 조용히 감내하고자 하는 것이다. 아무도 오지 않는 고즈넉한 산사의 밤, 바람에 부딪혀 흔들리는 풍경소리에 명상을 깨기도 하지만 '내 귀 하나 네 귀하나' '이방인의 귀 하나' '짧은 생에 겉도는' '수백 수천의 깨달음을 들으라네' 등에서 보는 것처럼 그간 속세에서 찌든 삶의 찌꺼기들을 씻어 내고프기에 시인은 풍경소리를 들으며 마음을 정화시키고 싶은 거다. 나이가 들면 너나 나나 할 것 없이 한 번쯤 마음을 정화시키고 싶은 것이 인간인가 보다. 그간 살아가면서 나는 무엇인가, 갖는 것에 대해 얼마나 집착했던가. 사람을 갖는 것, 돈을 갖는 것, 지위를 얻는 것, 명예를 갖는 것, 그러다 정말 그것을 가졌을 때 오히려 불편하지는 않았는가? 그래서 버리라고 하지 않았던가. 크게 버리는 것이 크게 얻는 것이고 아무 것도 갖지 않을 때 비로소 세상을 갖게 되는 것이라고, 이렇게 생각하니 법정 스님의 말이 생각난다. 바로 아무 것도 갖지 않았을 때 세상을 얻게 된다는 것이다. '가슴을 적시는 풍경소리가 밤새도록 울었네'에서 보는 것처럼 나동수 시인은 벌써 이것을 알고 풍경소리가 들리는 산사에서 밤을 새워가면서 무엇인가 깨닫고 싶었던 것이다.

민족에 얼이 담긴 막걸리
내 강산 8도를 누비며
시름을 덜어주고 신명을 돋우지

즐거운 삶에도
괴로운 삶에도
약방에 감초같이 끼어들어
삶을 춤추게 하고
노래하게 하고
하나로 만들기도 하지

절망과 시련 속에서도
편안한 용기가 돼 주는 그 이름은
민족에 얼이 담긴 막걸리

변하는 세월만큼
여러 가지
변종 주에 밀려나지만
가끔은 너의 힘으로
쓰러진 용기를 북돋아 세우고
꿈과 이상을 안기도 하지

컬컬한 막걸리
민족의 대명사가 돼버린
너는 나의 연금술사다

- 「막걸리」 전문

　시골에 살면서 아무래도 가장 친근한 것 중의 하나가 막걸리일 것이다. 나동수 시인은 어려서부터 오랜 시간 마을에서 일하는 사람들이 막걸리를 친근감 있게 마시는 것을 보았고 자신도 함께 어울렸을 것이다. 그러기에 막걸리를 주제로 한 시가 자연스럽게 나오지 않았을까. 우리나라 전통주인 막걸리는 도수가 높은 것도 아니고 농사일 할 때 새참으로 마시는 농민들의 술이다. 이 술을 주제로 나동수 시인은 자신이 살고 있는 농촌 속으로 푹 들어가 본 것이다. 막걸리는 글자 그대로 막걸러서 만든 술이다. 막걸리에는 오덕이 있다고 했다. 허기를 다스려주고, 취기가 심하지 않고, 기운을 북돋워주고, 일하기 기분 좋게 해주고, 의사소통을 편하게 해준다는 것이다. 우리 조상들의 애환이 젖어 있는 막걸리를 통해서 나동수 시인도 무엇인가 메세지를 전하고 싶었을 것이다. 삼국시대부터 전해졌다는 이 전통술은 막걸리용 누룩을 배꽃이 필때 만들었다하여 이화주梨花酒라고도 한다. 또 맑지 않고 탁하다 하여 탁주濁酒라고도 했고 농민들이 많이 마신다고 농주農酒라고도 한다. 뭐니뭐니 해도 막걸리가 좋은 것은 여느 술과 다르게 곡물로만 만들었기 때문에 건강한 식품, 웰빙 식품이라고도 하여 현재에도 대중들이 꾸준히 찾는다는 것이다. 바로 이런 것을 잘 알아서인지 나동수 시인은 이 막걸리가 용기를 북돋워 주고 꿈과 이상을 안겨 준다고 했다. 그가 막걸리가 나의 연금술사라고 한 것을 보면 막걸리 한 잔하면 말도 잘 하고 시도 한 수 쓸 수 있고 다른 때보다 훨씬 정서적 분위기를 업시켜서 좋은 글을 쓸 수 있는 기회를 주는 모양이다. (약방에 감초) (삶을 춤추게 하고) (노래하게 하고) 등의 표현에서 본 것처럼 막걸리가 주는 효과가 금방 나타나는 듯하다. 하긴 술 한 잔 하고 취기가 오르는 듯한 순간 머릿속을 스치는 영감을 따라 시 한 편이 써진다면 시인에게는 참 행복한 시간이 될 것이다. 이렇듯 나동수 시인에게 있어 막걸리는 즐거웠을 때나 괴로웠을 때 모두 약방에 감초처럼 나를 춤추게 하고 노래하게 하고 하나로 만드는 연금술사임에는 틀림없는 것 같다.

3. 아쉬운 이별, 진솔한 삶의 궤적 속에 나타난 휴머니즘

나동수 시집 『풍경소리』에는 이별에 관한 시가 여러 편 나온다. 먼저 간 지인을 만나러 가는 장면과 함께 친구와의 이별 그리고 외조모와의 두 번째 이별, 나의 분신과도 같은 어머니와의 이별 등 나이 들면 누구에게나 예기치 않게 순서 없이 들이 닥치는 그 이별의 순간들 앞에서 마냥 슬프고 외롭고 힘든 순간을 맞이하게 된다. 그럴 때마다 이겨 나가야 하는 의지와 용기가 필요하다. 그건 비단 나동수 시인에게서 뿐만이 아니라 우리 모두에게 예고 없이 찾아올 수 있는 일이기에 언제든지 마음의 무장을 하고 이를 받아들일 준비를 하고 있어야 한다. 사람이라면 누구나 겪는 일이고 또 격어야 할 일이기에 더욱 그렇다. 나동수 시인은 이런 일들 앞에서 담담하고 의연하게 그러면서도 가장 인간적으로 받아들이고 보내 주고 하는 자상함이 보인다. 거기에 인간적 연민까지 그건 누구에게나 해야 할 일이지만 또 아무나 그렇게 할 수 없는 일이다.

① 또 한차래 가을이 짙어져 / 낙엽이 떨어지면 / 흐려지는 기억을 따라서 / 나 추억 속에 그대를 만나러 갑니다 // 이끼 낀 돌단을 밟고 / 단풍이 날리는 나무들 사이를 지나 / 무겁고 둔탁한 걸음으로 / 여전히 기다리고 있을 그댈 만나러 갑니다 // 비탈길 오르막이 힘겨우면 / 바람에게 밀어 달라 부탁도 하고 / 내리막 바위길이 가파르면 / 칡넝쿨에 잡아 달라 손도 내밀면서 // 또 한해 가을이 가기 전 / 그리운 그대 먼저가 쉬고 있는 곳 / 고적한 산골짝으로 / 나 그대를 만나리 갑니다.

-「그대에게 가는 길」 전문

② 이팝 꽃이 거리를 덮고 / 초록이 물결치는 윤사월입니다 / 나 약속대로 외조모님의 묘소에 들어가 / 지친 외로움 송두리째 받쳐 들고 / 풍광이 좋은 곳을 찾아 갑니다 // 이승에 손도 없으시니 / 저승에서의 이십 수년 그 외로움이야 / 비길 곳 없어 말해 무엇 하리오 // 외조모님의 유골을 가슴에 안고 / 나 약속한 명산에 올라 / 외로움 없을 곳으로 보내 드리옵니다 / 이제는 명산 꼭대기 / 숲과 바람과 구름을 벗하며 마음껏 / 영혼을 달래시옵소서. // 세상 인연이야 / 언젠가는 끊어지는 것 / 이제는 돌아보지도 마시옵소서. / 이승에서 만났다 헤어지는 / 손을 기억하지도 마시옵소서 / 풍광이 되신 외조모님 / 이제 자유로이 마음껏 쉬시옵소서

-「외조모님과 2번째 이별」 전문

③ 그토록 힘겹던 삶이던가. / 작은 언덕에 가슴을 열고 / 야윈 몰골로 생을 꽃피우다가 / 민들레 홀씨처럼 떠나간 친구여 // 산다는 게 뭔지 / 지금에야 돌아보니 / 마음 아프게 바라만 보다가 / 서로가 애태웠던 우리에 모습들 // 순응이란 장단에 맞춰 / 고단한 운명도 용감했던 세상사 / 이제야 어렵사리 호시절을 만들어 놓고 / 낯선 이별을 고한 그대여 (하략)

- 「친구의 영전에서」 일부

④ 난생처음 / 리무진을 탄 여행이었네 / 나는 앞자리 앉아서 가고 / 엄니는 뒷자리 누워서 가고 // 덧없이 짧은 천륜이 / 생에 최고의 사랑이었지 // 언젠가 한 번은 / 꼭 가야는 길에서 / 엄니는 뒷자리 눈감고 가고 / 나는 앞자리 눈뜨고 가고 // 엄니와 나 / 서로 슬픈 이별을 만지면서 / 낙엽처럼 날리는 / 늦가을을 나섰네 // 너무나 아픈 여행이었네. / 태산 같은 정을 / 눈물로 고해야 하는 엄니와 나 / 이승에서의 / 마지막 여행이었네 // 엄니를 가슴에 묻는 / 짧고도 긴 / 마지막 이별이었네

- 「마지막 여행에서」 전문

   사람들은 대부분 겉으로 보면 잘 모르지만 자세히 살펴보면 누구에게나 아픔이 하나씩은 가지고 있다. 나동수 시인도 마찬가지다. 평소 충남문협 행사 때 잠깐 잠깐 보았을 때는 언제나 잔잔한 미소로 인사를 나누어 깊이 생각을 못했는데 이번에 네 번째 시집 『풍경소리』를 정독하면서 그 내면에 나름대로 참 많은 아픔들이 있었다는 것을 알 수 있었다. 그러기에 사람들은

겉만 봐서는 모른다고 하지 않았던가. 언제나 의연한 모습으로 무게 있게 중심을 잡고 살아가는 나동수 시인에게도 아픔들이 많았다. 그러나 본인은 그것을 내면에 삭이고 중심을 잡고 의연한 모습으로 살아가면서 열심히 시작에 몰두하고 있다는 것을 알 수 있었다.

위의 시 ①은 먼저 간 누군가에 대한 그리움에서 나온 듯하다. 함께 수십 년을 살아온 벗을 그리면서 그 사람이 보고 싶어서 오늘도 남모르게 그 사람 있는 곳에 간다. 소주 한 잔, 북어포 하나 달랑 들고, 오르막길 힘겨우면 바람에게 밀어 달라 하고 내리막길 가파르면 칡넝쿨에 손잡아 달라하고 그렇게 그대가 있는 자리에 와서 그가 잠든 묘 앞에서 술 한 잔 붓고 얘기한다. "나 왔네, 그간 잘 있었남? 그곳은 따듯한가? 여긴 아직도 춥네 더구나 그대가 없으니 더욱 추우네, 많이 보고 싶으이, 잘 기다리고 있게, 언젠가 나도 그대 곁으로 갈 테니." 시인은 이렇게 혼자 말하고 산을 내려온다. 함께 살다가 혼자되어 본 사람들은 안다. 애시 당초 혼자 살았으면 모르되 함께 살다 혼자되면 얼마나 힘든지, 그게 단순히 먹고 살기가 힘든게 아니라 보고 싶어서, 외롭고 고적해서, 사랑하는 사람을 먼저 보낸 상실감 때문에, 텅 빈 그 자리가 너무 크게 보이기 때문에 그래서 힘이 든다는 것이다. 물론 시간이 해결해 주겠지만 그게 언제까지가 되든 그 시간까지 너무 힘들기에 시인은 깊은 산 그 고즈넉한 산 속에 혼자 누워 있는 그에게 가는 거다. 함께 만나 출발한 사람들이 한날 한시에 갈 수는 없지만 그게 친구가 되었든 아니면 사랑하는 사람이 되었든 그래도 한 사람을 먼저 보낸다는 것은 가슴 아픈 일이기에 남은 사람은 이렇게 그 산길을 가고 또 가보는 것이다. 그래야만 내가 덜 외롭고 덜 힘들고 먼저 간 그대에 대한 도리이기도 하니까.
 ②의 시 역시 사람만 다를 뿐 또 한 분과의 이별을 그리고 있다. 자손이 끊긴 외조모의 유골을 안고 모든 근심걱정 놓으시라고 명산에 모시는 상황을 매우 진솔하게 나타내고 있다.
 이제는 명산 꼭대기 숲과 바람과 구름을 벗하며 마음껏 / 영혼을 달래시옵소서 / 이 세상에 없는 후손에 대한 미련을 접고 자유로운 영혼이 되어 마음껏 편히 쉬시라고 한다. ③은 친구의 영정 앞에서 쓴 시인데 이 역시 이별에 관한 시이다. 60년 넘게 함께 했던 친구의 죽음 앞에서 시인은 내 일처럼 슬프고 그래서 눈물이 난다. 참 어려웠던 시절 갖은 고생 다하고 이제 겨우 살만하니 저 세상으로 이별을 고한 친구가 슬프면서도 야속하다. 좀 더 살면서 함께 여행도 가고 함께 술 한 잔도 하며 세상사는 얘기도 한다면 얼마나 좋겠나. 초근목피 했던 어린 시절 이제 세계 최상위 경제 대국이 되어 살만하다 했는데 세상사는게 각박했는지 먼저 간 친구를 보내면서 슬프고 힘든 상황을 한 편의 시 속에 담담이 그려내고 있다. 참으로 열심히 살았는데 민들레 홀씨처럼 떠난 친구를 그리워하며 쓴 이 시를 읽을 때마다 마음이 애잔하기만 하다.
 사실 죽음과 함께 오는 이별은 누구나 예고 없이 찾아온다. 때문에 우린 평소 부모, 가족, 친구들에 대해 감사하는 마음을 가져야 한다. 살아 숨 쉬는 존재라면 너나 할 것 없이 언젠가는 죽음을 맞아야 하기 때문에, 그 죽음이 늘 살아 있는 내 곁에 있기 때문에 우리는 언제나 평화롭게 담담히 맞아야 할 준비를 해야 할지도 모른다. 그런 연유에서 나동수 시인은 먼저 간 어머니나 친구 또는 지인의 죽음 앞에서 담담히 초연하게, 아름다운 배웅을 한 것이다.

'언젠가 한 번은 / 꼭 가야는 길에서 / 엄니는 뒷자리 눈감고 가고 / 나는 앞자리 눈뜨고 가고-마지막여행에서' '이제야 어렵사리 호시절을 만들어 놓고 / 낯선 이별을 고한 그대여' - 친구의 영전에서 일부, '지친 외로움 송두리째 받쳐 들고 / 풍광이 좋은 곳을 찾아 갑니다' - 외조부님 두 번째 이별 일부, '그리운 그대 먼저가 쉬고 있는 곳 / 고적한 산골짝으로 / 나 그대를 만나러 갑니다.' - 그대에게 가는 길 일부

③의 시에서는 오랜 시간 함께 했던 친구가 유명을 달리하게 되면서 '민들레 홀씨처럼 떠나버린' 그를 위해 애잔한 마음을 시로써 나타내고 있다. 당시 참 어려웠던 시절 '고단한 운명도 용감했던 세상사' 라고 하듯 참 아무리 어려워도 용감하게 살아 왔는데 그래서 이제 좀 허리띠 풀러 놓고 조금 여유 있게 살자고 하려는데 그만 홀연 저 먼 나라로 간 친구를 그리워하는 나동수 시인의 모습은 어쩌면 우리 모두의 그런 마음을 대신하는지도 모른다. 그래서 이별한다는 것이 오히려 낯설다고 하는 것이다. 그 모두가 운명이라는 것이지만 시인은 그래도 그 운명이란 벽 앞에서 친구를 보내야 하고 언젠가 내 삶의 끝에서 다시 만날 날을 기다린다고 할까. 누구든지 오랜 친구가 먼저 세상을 떠나고 이별을 하게 되는 운명 앞에 순응할 수 밖에 없기에 시인은 지금도 마음이 아프다고 한다.

④의 시에서는 어머니와의 마지막 여행을 그리고 있다. 그것도 리무진을 타고, 그 리무진을 타고 가는 어머니, '엄니는 뒷자리 눈감고 가고 / 나는 앞자리 눈뜨고 가고' 어머니를 모시고 가는 상황이 그려진 모습이다. 시인은 마지막 가시는 어머니의 그

길에서 갖가지 상념에 사로 잡혀 있다. 아주 어린 시절부터 마지막 가시는 날까지 나는 과연 어머니에게 무엇을 어떻게 해드렸던가. 어머니가 진자리 마른자리 가리지 않고 나를 키우고 가르치고 보살피고 북돋워주었던 지난 날들, 그리고 이제 어머니가 노후해 지셨을 때는 나는 어떻게 해드렸던가. 수많은 일들이 파노라마처럼 스쳐 지나갈 것이다. 그리고 어머니에 대한 고마움, 미안함, 죄송함, 안타까움 등이 뒤섞여 나를 꾸짖기도 하고 달래주기도 한다. 그리고 '태산 같은 정을 / 눈물로 고해야 하는' 이 현실이 한없이 가슴 아픈 여행이 되고 있다. 그 아픈 여행이 마지막이라는 것이 시인은 너무 슬프다. 나 때문에 많이 울었고 나 때문에 많이 힘들었을 어머니, 어머니라고 부르기만 해도 가슴이 아프고 눈물이 나는, 나에겐 그 누구보다 아름답고 소중했던 나의 사랑스런 어머니, 그동안 나는 얼마나 어머니의 마음을 헤아리고 살았던가. 어머니가 있는 것, 가진 것 다 퍼주고 다 내 주고도 더 내주어야 한다고 하시는 어머니의 끝없는 사랑, 속에서 나는 얼마나 안주하고 살았던가. 너덜너덜 헤어질 대로 헤어진 마음의 끝을 한 땀 한 땀 꿰매시면서 이제 노안이 되어 잘 보이지 않는 눈으로 거칠어진 손끝으로 온 몸이 쇠잔해질 때까지 자식걱정 해 주시던 어머니의 끝없는 사랑에 시인은 나이가 들어서 고개가 숙연해지는 것이다. 그리고 어머니의 그 목소리와 따뜻한 밥상이 그려진다.

   이런 상황은 부모가 계시다면 누구에게나 한 번쯤 겪는 일이지만 어머니 곁에서 오랫동안 함께 했던 나동수 시인에겐 더 특별한 여행이었을 것이다. 그리고 조용히 기도한다. 어머니 이제 평안하세요, 하느님의 품안에서 축복이 있기를 기도합니다.

어버이의 품은
지금껏 나를 지켜준 울타리입니다

따뜻했던 날처럼
그 모습은 다시 볼 수 없지만
깡마른 세월에도
자식에게 짐이 될까 돌아서시어
신음조차 깨물어 숨기시던
어버이의 그 모습
철없이 한해 두해를 지나고
이별에 강을 건너서야
애틋하게 남기신
부모님에 그 사랑이 느껴집니다.

"평생을 두고도 갚지 못하는 게
어버이에 사랑이라지요"

조건 없는 그 사랑
이순에야 찾아낸 그리움이 지워지기 전에
또 다른 후회가 몰리기 전에
94 굴곡을 넘기시는 어머님께
내 모두를 바치렵니다.

- 「어버이사랑」 전문

  나동수 시인의 의식 속에는 전통적 유교사상이 잠재해 있는 듯하다. 이는 어버이사랑이란 시 속에 두드러지게 나타나 있다.

어버이 품은 나의 울타리, 자식에게 짐이 될까 / 신음조차 깨물어 숨기시던 / 평생을 두고 갚지 못하는 사랑 / 내 모두를 바칩니다. 등에서 보는 것처럼 어버이에 대한 마음이 애잖하게 나타나 있다. 특히 신음조차 깨물어 숨기시던에 와서는 그 아픔의 절정이라고도 할 만큼 사실적이면서도 상징적 표현이 가슴에 와 닿는 게 읽는 사람까지도 절절하게 만든다. 이렇듯 문학적 표현은 다른 사람의 마음까지도 움직여야 좋은 작품이라 할 수 있고 한 단계 승화된 표현이라고도 할 수 있다. 나동수 시인의 어버이 사랑은 유교적 관념이 가득찬 시이다. 이러한 유교적 표현은 사람이 죽은 후에도 그 혼을 불러내어 그 혼과 다시 만나 죽은 사람을 위로할 수 있다고 보는 것이다. 이를 초혼 재생의식이라고도 하는데 이는 인간은 혼과 백으로 구성되어 있다는 것을 말한다. 즉 정신은 혼이고 몸은 백으로 표현되기에 인간이 죽으면 이 혼과 백이 분리된다고 생각했고 이 혼을 부르는 초혼과 백이 합쳐지면 재생이 되어 이 즐거운 세상에 다시 태어날 수 있다고 생각한 것이다. 그러기에 하늘에 떠다니는 혼을 불러 그 혼이 다시 자리를 잡을 수 있도록 백을 관리해야 한다는 것이다. 그런 것을 해결하기 위한 것 중 하나가 제사이다. 이 제사가 초혼재생을 의미한다. 이를 이행하는 사람은 자손이다. 그래서 유교에서는 자손이 성심성의껏 제사를 지내는 것의 효의 하나라고 했다. 조상에게 제사를 지내고 자식이 부모를 사랑하고 공경하는 것, 자손이 이어져야할 것, 이 세 가지를 묶어 시행해야 효가 되는 것이다. 이는 생명의 영원성과 관련이 있고 나의 육신은 사라져도 나를 기리는 마음과 나의 혼이 존재하기에 영원한 존재가 된다고 하는 것이다. 결국 나동수 시인은 혼을 달래기 위해 먼저 가신 부모님의 묘를 찾고 아내의 묘를 찾고 영혼과의 만남을 위해서 그 혼백을 위로하기 위해 정성껏 준비해서 돌아가신 분의 묘를 찾아가는 것이다. 이것이 바로 효의 본질이고 유교적 사상이라고 할 수 있다. 앞으로의 문제는 이러한 것들이 이어지는 자손들에 의해 얼마나 유지될까 하는 것이 문제로 남을수 밖에 없다는 것이다.

많은 세월이 지나고서야
다시 제자리로 돌아와서는
긴 목을 늘이는
허전한 삶의 모서리에 선다

소망하던 길목에는
궁핍했던 삶이 걸음마다 넘치고
날카롭던 고비는
안으로만 붙박이 되는지
낮은 자세에도 고단한 심중이 긁힌다.

절절했던 고민도
익숙했던 사랑의 바램도
분에 넘치는 호강이었을까
이제야 조금씩 허虛인 것을 알게 되는
때늦은 세상살이

이생의 삶이란
다 물가에 쌓이는 모래성 같은 것

발끝에 닿은 유한한 생
세상을 그리는 허虛의 몸부림이 애달프다
- 「빈느낌」 전문

 제4부의 시는 모두 병원에 있는 동안 쓴 시들을 모은 시이다. 사는 동안 건강이 최고인데 병원에 입원하고 수술하고 누워 있으면 외로운 것은 물론이고 참 슬픈 생각이 든다. 그 때 그 순간을 이겨 나가야 하는 힘이 있어야 한다. 그건 자신만이 해결하여야 할 몫이다. 아무도 그걸 대신 해줄 사람은 없기 때문이다. 시인은 침대에 누워 생각한다. "이제야 조금씩 허虛인 것을 알게 되는 때늦은 세상살이" "인생의 삶이란 / 다 물가에 쌓이는 모래성 같은 것" 이 말하듯 인생의 허무를 말하고 있다. 어쩌면 살다보면 우리 모두가 그럴 진데 나동수 시인은 육십 평생을 살아오면서 비로서 삶의 의미가 허虛라는 것을 알았다고 말한다. 사실 우리는 어떤 목적을 가지고 살면서 얼마나 성취했고 얼마나 만족했는지의 척도를 갖고 인생의 성공 여부를 말하는 것 같다. 그러나 정말 그럴까? 어떤 운동선수가 최고가 되기 위해서 밤낮을 가리지 않고 연습을 했다. 그리고 최고의 경지에 오른 선배에게 물었다한다. 그 최고의 정상에는 무엇이 있습니까? 가 봐라, 가보면 안다. 선배는 이렇게 말했다. 그 운동선수도 열심히 해서 최고의 운동선수가 되어 정상에 올랐다. 그랬더니 거기엔 아무것도 없었다고 했다. 왜? 생각할 나름이지만 거기엔 박수, 환호, 상금, 우승컵 등 여러 가지가 따라 왔다. 하지만 정작 이 운동선수가 찾은 것은 그게 아니었다. 그의 마음은 여전히 공허했고 채워지는 것이 없었다. 그 때 "모든 것은 헛되고 헛되니 헛되도다" - 라고 한 고린도 전서 1장 2절이 생각났다. 이는 일찍이 솔로몬왕

의 말인데 그는 평생 측량할 수 없는 부와 뛰어난 지혜와 권력을 가졌기에 다른 왕국의 부러움을 샀지만 결국에는 그 모든 것이 헛되고 헛되다 라는 결론을 얻게 된 것이다. 마찬가지로 우리가 마음이 채워지지 않는 한 그 모든 것들이 앞에 온다 해도 헛될 뿐인 것이다. 여기서 나동수 시인도 빈 느낌이란 시에서 바로 그 부분을 짚은 것이다. 조금 늦었지만 살아 봤기에 지금이라도 인생이 물가의 모래성 같은 것이란 것을 알기에 지금 살고 있는 것 또한 허虛의 몸부림이라고 말한다. 환자는 병실에 있는 동안 자신이 한없이 자애롭고 너그러워지는 것을 발견한다.

① 6인실이야 말로 / 사람 냄새 풍기는 밤
- 「병실 고르기」에서

② 간병인 의자에 이불도 덮지 않은 채
  지친 모양의 아내가 새우잠에 빠져있다
  나는 아직도 움직일 수 없어
  간호사에게 부탁하여 아내에게 이불을 덮어주고 나니
  복도를 밝히는 흐린 불빛이
  문틈에 끼워놓은 물병으로 들어와
  병마와 싸우는 약제처럼 병실 일부를 비춰준다
  거친 숨소리만 들고나는 어둠이 가득한 방
  나는 누구이며 누구일까
- 「자문」에서

③ 간신히 휠체어에 의지하여 밖을 보았다
  창밖에 보이는 거리의 밤은 잠들어 가는데
  통증을 안고 잠들지 못하는 환자들이

복도 한편에서 어슬렁거리고 있다
　　신은 나에게 삶의 깊이를 알게 하려고
　　이런 시간을 겪게 하는가보다
　　　　　　　　　　　　- 「복대, 탈부착소리」에서

　　④ 통증을 매달고 채 아물지 않은 시간이 꼬물꼬물 앙탈을 부
　　린다. 그러나 까짓 아픔쯤이야(하략)
　　　　　　　　　　　　- 「저항 할 수 없는 밤」에서

　　병원에 있다 보면 신경이 예민해지는 환자도 있지만 상황에 따라 한없이 너그러워지는 환자들도 있다. 여기에 나동수 시인은 후자에 속하는 가 보다. 위에 제시한 네 편의 시 일부를 소개한다.
　　①의 경우 시인은 독방이 아닌 서민들이 주로 많이 쓰는 6인실에서 보냈음을 알린다. 한 방에 침대로 6명이나 있으니 꽉 찬 느낌이고 답답할 수도 있다. 그렇지만 환자들에 있어 6인실의 가장 좋은 점은 사람냄새가 난다는 것이다. 성격에 따라 환자의 상태에 따라 한 병실 안에 누워있는 사람들의 수가 다르겠지만 분명한 것은 대개의 경우 여럿이 함께 입원 했을 경우가 훨씬 사람 냄새 나는 병실일거라고 생각된다.
　　사람이 나이 들고 병들면 가장 먼저 해야 할 일 중 하나가 내려놓을 줄 알고 실제로 내려 놓도록 해야 한다. 그렇잖으면 세간에서 흔히 말하는 꼰대라고 할 것이다. 그간 이것저것 무겁게 가진 것들을 조용히 내려놓아야 한다는 것이 일반적인 얘기들이다. 내려놓으면 훨씬 마음이 편하고 가볍기 때문이다. 어느 책에서 읽은 기억이 난다. 오랜 수형생활을 끝낸 사람이 만기 출소해서 교

도소 문을 나서는데 너무 힘이 들더라는 것이다. 앞에 가는 사람을 보니 가볍게 걷는 모습이 부러웠다. 나는 왜 이렇게 힘이 들까. 하고 생각하니 양팔에 한 묶음씩 묶은 책을 들고 있더라는 것이다. 아 이걸 남은 사람들한테 보라고 주고 올걸, 아깝다고 가지고 나와 양손에 들고 있으니 무겁고 힘든 것은 당연한 것, 책 몇권 내려놓는 것을 실천하지 못한 것이 참 바보스러웠던 것이다.

②에서 시인은 자기를 간호하다가 병실에서 곤히 잠든 아내를 발견하고 측은지심이 발동한다. 자신이 몸을 가눌 수 없어 간호사를 불러 아내에게 따뜻이 덮어 줄 것을 요청한다. 아프다고 나만 생각하고 살았는데 비로소 아내가 보이는 것이다. 결혼하고 지금까지 조금 소홀했던 아내에 대한 사랑이 이불 덮어 주는 것 하나로 대신해주는 것 같아 미안하다. 그것도 움직일 수 없다는 평계로 간호사의 힘을 빌려. 그러나 이게 진심이다. 그 마음 하나가 그동안 아내에게 하지 못한 사랑하고 미안하고 감사하고의 마음들이 모두 들어 있는 것이다. 아파보면 안다. 아내가 얼마나 고마운 사람인지. 이불하나 덮어 주는 그 마음하나가 아내에 대한 사랑과 고마움과 미안함을 한꺼번에 해결하는 듯한 마음을 갖게 한다.

③의 시에서는 병실에 누워 있으면서 나를 발견하는 듯한 인상을 주는 시이다. 그간 살아 온 것에 대해 다시 한 번 반추해 보고 나는 누구이고 무엇인가를 생각하고 찾아보는 시간을 갖게 한다. 병원에 오래 있다 보면 예민해 진다. 아주 작은 소리, 아주 작은 턱치에도 신경이 날카로워지기에 의사는 항상 안정을 취하게 하라고 한다. 그것도 여러 날 있게되면 그 증세가 심해진다.

나동수 시인은 허리를 받쳐 주기 위해서 복대를 두르는데 그걸 뗐다 부쳤다 할 때 찍찍이 소리에도 환자들이 깰까 봐 조심을 한다. 그리고 잠을 못자고 복도로 나온다. 거기에도 환자들이 잠을 못자고 어슬렁거린다. 그 때 시인은 깨닫는다. 아 신은 나에게 이런 기회를 이용하여 삶의 깊이를 알아보고, 생각해 보라고 이런 시간을 주었구나. 하고, 그렇다 인간은 자신에게 처한 환경을 어떻게 극복하느냐에 따라 그 결과가 판이하게 달라진다. 긍정적일 경우 마음이 훨씬 가볍고 희망적이지만 부정적일 경우는 앞날이 어둡고 삭막하기만 하다. 몸이 아파 누워있을 때는 더 그렇다. 이 시속의 밤, 어둠, 통증 등의 시어가 삶의 아픔과 어려움 등을 나타낸다면 나동수 시인은 신이 삶의 깊이를 겪게 하려고 준 시간을 통해 이를 극복하려는 창작의 고통이 함께 뒤따름을 말해주고 있다.

④에서는 같은 병실에 누워 있는 본인을 포함하여 여섯 사람들의 이야기가 있는 공간이다. 이와 같은 처지를 동병상련이라고 하였던가. 시인은 아프면 안 되겠지만 그런 고통들을 함께 하기 때문에 또 그들이 조금씩 나아가기 때문에 아픈 게 앙탈을 부리더라도 까짓것 쯤이야 하고 대수롭지 않게 생각하고 이겨 나가려고 한다. 어쩌다 병원에 가 보면 아픈 사람들이 왜 그렇게 많은지, 병실에 누워 있는 사람들은 건강하게 오고 가는 사람들이 참 부러울 것이다. 이 여섯명의 환자들도 마찬가지였을 거다. 나 시인은 내일이 보름 만에 병원을 퇴원하는 날이라고 들떠 있다. 초등학교 때 수학여행 전날 밤 설레는 마음과 비슷하다면 맞는 표현일까? 멀쩡한 사람도 오랫동안 병원에 있으면 정신적으로 공허해진다. 나약해지고 심약해진다. 그렇기 때문에

가능하면 빨리 이를 극복하고 병이 나아 퇴원하도록 해야 한다. 그런 희망이 보이면 신이 나고 기쁘고 삶의 의욕이 있고 저항할 수 없는 밤 과 같은 시를 쓸 수도 있다. 그래서 우리는 아프지 말아야 한다. 아프면 빨리 나을 수 있도록 열심히 치료해야 한다. 그래야 하루라도 사람같이 살 수 있고 시 한 편 더 쓸 수 있기 때문이다.

　나동수 시인의 시를 한 줄로 요약하자면 진솔한 삶의 궤적 속에 나타난 휴머니즘이라고 할 수 있다. 그의 한 편 한 편 속에는 평소 그의 삶이 어떠했는지를 잘 나타내주고 있다. 그는 여린 새싹 히니에서부더부터 척박한 환경 속에서 사는 부레옥잠이나 잠시 일상의 탈출을 위한 여행에서, 그리고 산사의 풍경 소리와 우리네 서민들이 즐겨 마시는 막걸리에 이르기까지 모두 그의 진솔한 삶속에서 우러나오는 시를 쓰고 있다. 그리고 병상일지에서 보듯 그의 시 전편에는 인간적인 휴머니즘이 깔려 있다.

　시는 인간의 가슴속에 있는 것을 감정을 살려 진솔하게 쓴 글이다. 그러면서 시인의 인생 내면을 얼마나 진실 되게 그려 내는가가 생명이라고도 할 수 있다. 시 속에 나타난 인생에 대한 태도가 독자에게 얼마나 공감을 주느냐에 따라 그 시가 좋은 시이다 아니다 라고 할 수 있다. 그런 의미에서 나동수 시인은 자신의 시 속에 얼마나 진솔하게 자신을 표출시켰는지는 독자가 판단할 것이다. 물론 여기에 리듬이 있고 구성이 어떻고는 그 다음 일이다. 병실에서 환자들과 함께 나누는 인간적인 교감이나 여타의 시속에서 나타나는 사람 냄새나는 싯귀는 나동수 시인의 따뜻한 마음들이 녹아 있음을 엿볼 수 있다. 다만 시를 씀에 있어서 표현의 방법, 나의 시가 말하고자 하는 메시지의 전달방법

등은 나동수 시인이 시를 쓰는 동안 계속해서 고민해야 할 문제라고 본다.

　나동수 시인의 고향을 지키면서 풀어 나가는 시의 세계는 앞으로도 무궁무진하게 넓고 높고 깊을 것이다. 따라서 시인이 추구하고자 하는 시의 세계가 좀 더 많은 사람들에게 사랑받길 기도한다. 그것은 전적으로 본인의 노력여하에 달려 있고 본인만이 풀 수 있는 숙제이기도 하다. 나동수 시인의 아름다운 서정적 세계를 그린 다음 작품집을 기대한다.